Erbrechtsreform.

Ein sozialpolitischer Vorschlag
zur
Befestigung der Reichsfinanzen

von

Georg Bamberger,
Justizrat in Aschersleben.

Berlin 1908.
J. Guttentag, Verlagsbuchhandlung,
G. m. b. H.

Inhaltsverzeichnis.

Die folgenden Aufsätze sind bis auf die drie letzten seit Anfang des Jahres 1905 in verschiedenen Zeitschriften und Zeitungen veröffentlicht. Auf den Rat von Freunden werden sie hiermit gesammelt vorgelegt. Wiederholungen waren nicht zu vermeiden, wenn wesentliche Änderungen unterbleiben sollten; der Leser wolle sie freundlichst in Kauf nehmen.

Zweck der Sammlung war, für die große, gute Sache immer neue Freunde zu werben, — bis auf der Burg der lachenden Erben die Reichsflagge weht.

Bamberger.

„Römisch Recht, gedenk' ich deiner,
Liegt's wie Alpdruck auf dem Herzen,
Liegt's wie Mühlstein mir im Magen ..."
Scheffel.

Änderung des Erbrechtes*.

Für die auffallende Erscheinung, daß unser geltendes Erbrecht in seinen Grundzügen mit dem römischen Recht übereinstimmt, wird es wohl nur zwei Erklärungen geben. Entweder war der Scharfsinn und die juristische Begabung der Römer so groß, daß die von ihnen aufgestellten Normen auch bei einem anderen Volke, von einem ganz anderen Kulturstandpunkt und in einer ganz anderen Zeit Geltung beanspruchen dürfen, oder die Entwicklung unseres Rechts ist rückständig geblieben und hat nicht Schritt gehalten mit der Entwicklung der Nation. Im letzteren Falle wäre eine beklagenswerte Schwerfälligkeit des Gesetzgebers festzustellen. Von diesem Vorwurf ist er, wie es scheint, in der Tat nicht ganz freizusprechen. Heute ist im Deutschen Reich wie vor 2000 Jahren in Rom jedermann zur Erbfolge berufen, der im allerentferntesten Grade mit dem Erblasser ver-

* „Der Tag". 1905. Nr. 47.

wandt ist. Wenn kein Testament vorliegt, fällt der Nachlaß des Verstorbenen nicht bloß, wie es natürlich erscheint, an seine Kinder, an den hinterbliebenen Ehegatten, sondern beim Mangel näherer Erben an die entferntesten Verwandten, bis zum zehnten und zwanzigsten Grade; und noch darüber hinaus an Personen, mit denen der Verstorbene keinerlei inneren Zusammenhang gehabt, deren Namen und Existenz ihm vielfach unbekannt war, die selbst niemals auf die Erbschaft gerechnet haben und die häufig nur mit Schwierigkeiten aufzufinden sind. Dennoch sehen sie sich plötzlich in den Besitz eines Vermögens gesetzt, lediglich weil sie mit dem Erblasser in einem entfernten Verwandtschaftsverhältnis gestanden haben. Es liegt klar zutage, daß dieses Erbrecht der entfernten Verwandten heute keine innere Berechtigung hat. So gut seine Existenz in der Zeit begründet war, als die Familie ihren Angehörigen allen Rechtsschutz bot, so sehr hat es sich überlebt, seitdem der Familienverband sich immer mehr lockerte und der moderne Staat nicht bloß diese Pflichten der Familie übernahm, sondern noch weit darüber hinaus neue Aufgaben fand, Aufgaben insbesondere auf dem Gebiete der Sozialpolitik, um die Wohlfahrt seiner Angehörigen zu fördern. Seitdem mußte auch das Intestaterbrecht dieser Verwandten fallen. Daß es trotzdem erhalten blieb, verdankt es der Indolenz der Masse, die um so größer war, als man auf dem Gebiete des Erbrechts einem unentwirrbaren Durcheinander römischer und lokaler deutscher Rechtsnormen gegenüberstand, derart, daß bis auf den heutigen Tag auch dem gebildeten Laien die wichtigsten Bestimmungen des Erbrechts, selbst die von unmittelbar praktischer Bedeutung, fremd geblieben sind. Das alles ist längst erkannt, und Abhilfe ist oft und nachdrücklich gefordert worden. Eine reichhaltige Literatur ist darüber entstanden. Hier sei nur auf die Namen Graf St. Simon, John Stuart Mill und Dr. Hans v. Scheel hingewiesen. Vor elf Jahren hat der Verfasser dieser Zeilen die Frage in der „Gegenwart" (vom 11. März 1893) besprochen. Seitdem haben sich noch verschiedene Autoren, zum Teil mit derselben Begründung, in demselben Sinne ausgesprochen; eine Widerlegung dagegen scheint nicht versucht zu sein. Dennoch steht das Bürgerliche Gesetzbuch noch ganz auf dem veralteten Standpunkt. Es ist kulturhistorisch sehr interessant, die Gründe dafür kennen zu lernen. Der Entwurf des Erbrechts (Dr. v. Schmitt, Entwurf eines Rechtes der Erbfolge, Berlin 1879), eine außerordentlich gründliche Arbeit, hat zunächst zwar die Vorschläge wiedergegeben, welche von den verschiedenen Anhängern der Reform für eine Einschränkung des Verwandtenerbrechts vorlagen. Er verwirft sie aber sämtlich aus folgenden Gründen: Das Erbrecht beruhe einmal auf dem Naturgesetz der Blutsverbindung, die entferntesten Zweige des Baumes seien immer noch Baumzweige. Eventuell müsse man dann ja das Testament auch verwerfen. Soziale Übel seien zu aller Zeit in der Welt gewesen. Bei der vierten oder fünften Klasse abzuschneiden, sei rein willkürlich. Übrigens müsse man in einer Zeit, wo auch in Deutschland soziale Bestrebungen das Haupt erheben, welche kein deutsches Erzeugnis sind, selbst den Schein einer Konzession vermeiden. Man traut seinen Augen kaum, wenn man das heute liest. Das waren die Gründe, aus denen der Gesetzgeber das abgestorbene Erbrecht der entfernten Verwandten aufrechterhalten hat! Auch wenn man berücksichtigt, daß jene Sätze im Jahre 1879, vor einem Vierteljahrhundert, geschrieben sind, muß man staunen, auf wie schwachen Füßen doch manche wichtige Gesetzesbestimmung steht. Also darum muß man eine veraltete, in ihren Wirkungen notwendig schädliche Institution zum Schaden der Staatsgemeinschaft beibehalten, weil entfernte Zweige eines Baumes Baumzweige sind, weil soziale Übel immer in der Welt waren und weil man den Schein einer Konzession vermeiden soll!

Mit solchen Gründen tat man nicht bloß die seit nahezu einem Jahrhundert gewonnenen Ergebnisse der Wissenschaft ab, sondern man ging auch über eine Praxis hinweg, die seit gleichfalls hundert Jahren im Inlande wie im Auslande Schritt vor Schritt den Gedanken der Reform in Wirklichkeit umsetzte. Denn eine ganze Reihe von Gesetzgebungen haben ja bereits dem schrankenlosen Verwandtenerbrecht ein Ende gemacht. Das österreichische Gesetzbuch schließt den Kreis der erbfähigen Verwandten mit der sechsten Parentel ab, der Code civil mit dem zwölften Grade, das württembergische Landrecht mit dem zehnten Grade, Chile, Argentinien mit dem sechsten Grade, während einige andere amerikanische Republiken, wie Guatemala, schon mit dem vierten Grade der Seitenlinie abschneiden.

Man sieht, daß, je länger, je mehr im gleichen Schritt mit der Kräftigung des Staatsgedankens das Verwandtenerbrecht auch von der Gesetzgebung eingeschränkt wird. Und soviel bekannt geworden, hat sich eine Abänderung der erwähnten fremden Gesetze keineswegs notwendig erwiesen, man wird im Gegenteil annehmen dürfen, daß in jenen Staaten manche drückende Steuer wegfallen kann in Anbetracht der bedeutenden Einkünfte, welche dem Staatsfiskus aus erblosen Verlassenschaften zufallen.

Angesichts dieser historischen Entwicklung muß man um so mehr staunen, daß im deutschen Staate nach wie vor die Institution der lachenden Erben unverändert fortbesteht. So darf sie füglich bezeichnet werden. Denn wie von Theorie und Praxis ist sie auch durch den Volksmund längst gerichtet, wenn in natürlichem Empfinden mit beißendem Spott das harte Wort von den lachenden Erben geprägt wurde. Lachende Erben aber sollten zuerst in demjenigen Staatswesen verschwinden, in welchem der hohe Grundsatz von der ausgleichenden Gerechtigkeit verkündet und durch eine vorbildliche Versicherungsgesetzgebung bewährt worden ist. Daß man es bisher versäumt hat, ist nie wieder gut zu machen. Die ungeheuren Summen, welche dem Staatsschatz entfremdet sind, können ihm nie wieder zugeführt werden. Wohl aber kann man für die Zukunft Wandel schaffen.

Für die ernste Betrachtung kann in bezug auf die Beseitigung der gesetzlichen Erbfolge der entfernten Verwandten nur eine Frage entstehen, an welcher Stelle die Grenze für das private Erbrecht zu ziehen sei. Nun mag es ja sein, daß hier eine gewisse Willkür nötig erscheint, wie stets, wenn es sich um Zahlen handelt. Das ist doch aber kein Grund gegen die Berechtigung der Reform. Und blickt man näher hin, so ergibt sich eine Lösung, die auch von diesem angeblichen Vorwurf der Willkür frei ist. Man beschränke das gesetzliche Erbrecht auf die Pflichtteilserben. Dann werden beim Mangel testamentarischer Bestimmung nur die Kinder (und deren Nachkommen), die Eltern (bzw. Großeltern) und der hinterbliebene Ehegatte als gesetzliche Erben gelten. Diese Reform wäre durchaus nicht so radikal, wie sie beim ersten Blick erscheinen könnte. Pflichtteilserben sind diejenigen nahen Verwandten des Erblassers und sein Ehegatte, welchen das Gesetz im Einklang mit der Volksüberzeugung einen verbürgten Anspruch auf den Nachlaß mit gutem Grunde gewährt; es ist also folgerichtig, wenn sie auch beim Mangel eines Testamentes erben. Die übrigen Verwandten hingegen fallen fort. Ein erworbenes Recht wird ihnen damit keineswegs genommen. Denn sie haben ja schon heute nur dann ein Erbrecht, wenn der Erblasser nicht anders bestimmt; sie haben schon jetzt keinen anderen Rechtsanspruch auf den Nachlaß als den bedingten, daß sie nachfolgen, wenn der Erblasser es erlaubt, indem er von seiner Befugnis, zu testieren, keinen Gebrauch macht. Sie sind also heute bereits durchaus abhängig von dem Willen des Testators. Dieser Zustand würde nicht wesentlich geändert werden. Sie werden auch in Zukunft von seinem Willen abhängig sein; nur muß er diesen Willen deutlich, nicht bloß durch Schweigen, äußern! Nach dem hier vertretenen Vorschlage wird ja kein Testator gehindert, ein lebhaftes Interesse auch für entfernte Verwandte zu betätigen und einem Neffen oder sonstigen Verwandten sein Vermögen zuzuwenden. Nur kann man dann von ihm verlangen, daß er seinen Willen ausspricht. Wer aber umgekehrt nicht so viel verwandtschaftliches Interesse hat, um ihm durch ein Testament Ausdruck zu geben, dem tritt die Gesetzgebung auch nicht zu nahe, wenn sie so schwache, gar nicht erkennbare Wünsche unberücksichtigt läßt.

Es wird mithin durch die vorgeschlagene Reform — und das ist wohl zu beachten — kein bestehendes Recht verletzt. Nur ungewisse Erwartungen bleiben unbeachtet.

Ein hergebrachter Einwand gegen jedes Projekt einer Einschränkung des Verwandtenerbrechts geht dahin, daß durch letztwillige Verfügung des Erblassers der ganze Zweck der Reform leicht vereitelt werden könne. Dieser Einwand soll sofort gewürdigt werden. Bedenklich muß es von vornherein machen, daß ähnliche Prophezeiungen fast bei jeder geplanten Reform auftreten. Immer finden sich Schwarzseher, welche eine Änderung darum hindern möchten, weil das neue Gesetz doch umgangen werden könnte.

Was die vorliegende Frage anlangt, so wolle man einen Augenblick den Fall setzen, die vorgeschlagene Reform würde zum Gesetz, es würden also beim Mangel einer letztwilligen Verfügung nur die Personen von Rechts wegen als Erben berufen, welche auch im Testament als Pflichterben berufen werden müssen, Kinder, Eltern und der Ehegatte. Welches wäre die Wirkung solcher Rechtsänderung?

Entweder mehrten sich in der Tat die letztwilligen Verfügungen zugunsten der Verwandten aus Angst und Ärger der Testatoren, daß der „Racker von Staat" an die Stelle jener Verwandten treten solle. Dann stünde es jedenfalls nicht schlechter als jetzt, die Reform hätte sogar noch die wohltätige Folge, daß sie eine Mahnung mehr enthielte, für den Todesfall Fürsorge zu treffen. Die Gegner des Projektes könnten also zufrieden sein.

Oder aber, es werden nicht mehr Testamente errichtet als jetzt, dann fallen dem Staate enorme Summen aus erblosen Verlassenschaften zu; dann wird der Zweck der Reform voll erreicht.

Mit dieser letzteren Möglichkeit wird hier gerechnet, in bewußtem Optimismus und im Vertrauen gleichzeitig auf eine der stärksten Mächte im Volksleben, die schon im bisherigen Verlauf der Entwicklung so ungemein wirksam gewesen ist, auf die Indolenz der Masse. Die Masse wird indolent bleiben bis an das Ende aller Dinge, unberührt von dieser Änderung wie von vielen anderen. Allmählich aber, darf man vertrauen, wird die Neugestaltung des Erbrechts, weil sie auf einem gesunden Grundgedanken ruht, nicht allein zur Kräftigung des Staatsgedankens beitragen, sondern zu einem starken Pfeiler der Staatsordnung erwachsen.

Außerhalb des Rahmens dieser Betrachtung liegt es, zu berechnen, welche Beträge durch die Reform des Erbrechts für die Staatskasse frei werden — der Kundige weiß, daß es sich um viele Hunderte von Millionen handeln muß. Auch die ungemein wichtige Frage der Sozialpolitik, wie diese Summen zu verwenden wären — ob zur Beseitigung drückender Steuern oder zur Erfüllung von Staatsaufgaben, die heute nur unvollkommen gelöst werden, oder wie sonst — soll hier nicht erörtert werden.

Zweck dieser Zeilen war nur, von neuem die Anregung zu einer Neugestaltung des Erbrechts zu geben, welche, in hervorragendem Sinne ein Erzeugnis geschichtlicher Entwicklung, so viel Überzeugendes für sich hat, daß sie, wenn nicht alles täuscht, nicht allein die Freunde, sondern auch die Gegner der heutigen Staatsordnung zu einem der bedeutsamsten Werke ausgleichender Gerechtigkeit vereinigt.

Reichserbrecht*.

Bei den Beratungen über die Reichserbschaftssteuer ist von verschiedenen Seiten die Ansicht ausgesprochen, man könne erforderlichenfalls auch Deszendenten (also namentlich die Kinder) besteuern, die nach dem vorliegenden Entwurf frei bleiben. Nun ist zugegeben, daß ein derartiger Vorschlag an sich diskutabel ist, vorausgesetzt, daß die Steuer in mäßigen Grenzen gehalten, in sachgemäßer, schonender Weise erhoben wird und daß nur größere Vermögensmassen herangezogen werden. Allein als eine Härte wird die Maßregel von den Beteiligten immer empfunden werden, besonders wenn sie sich sagen, daß es andere Mittel gibt, nötige Ausgaben des Reiches ohne eine derartige Härte zu bestreiten.

Und es entspricht in der Tat natürlichem Empfinden weit mehr, die nahen Verwandten zu schonen, aber energisch gegen entferntere Verwandte vorzugehen. Der Regierungsentwurf geht ja zwar in der Besteuerung dieser letzteren Verwandten schon ziemlich weit, bis zu 20 v. H. — aber noch lange nicht weit genug. Er konserviert im Prinzip immer noch das Erbrecht der entfernten Ver-

* „Der Tag". 1906. Nr. 7.

wandten. Daher kommt es, daß der Streit der Parteien sich nur darum dreht, ob der oder jener Prozentsatz der richtige ist, nicht aber um die Frage, die an dieser Stelle in erster Linie aufgeworfen werden muß: ob lachenden Erben überhaupt noch ein Erbrecht zugestanden werden soll, ob nicht vielmehr an ihre Stelle die Staats-, bzw. Reichsgemeinschaft mit weit besserem Rechte tritt.

Wir haben früher schon versucht, darzulegen, daß das gesetzliche Erbrecht der entfernten Verwandten als innerlich unbegründet, als eine abgestorbene Institution in Wegfall kommen und durch das Erbrecht des Reiches ersetzt werden müsse. Es ist nicht ersichtlich, ob und inwieweit diesem Vorschlage, der im engsten Zusammenhange mit der Frage der Erbschaftssteuer steht, nähergetreten ist. Erbschaftssteuer und Erbrechtsreform sind auf die Dauer gar nicht voneinander zu trennen. Prinzipiell unwesentlich ist es dabei, daß die Erbschaftssteuer ohne Änderung des Bürgerlichen Gesetzbuches eingeführt werden kann, während eine Reform des Erbrechts eine entsprechende Änderung dieses Gesetzes erfordert. Es sei gestattet, den hier vertretenen Vorschlag der Erbschaftsreform mit dem Gedanken einer Erbschaftsbesteuerung der Deszendenten kurz zu vergleichen.

1. Die Steuer trifft die nächsten Verwandten des Erblassers. Das Erbrecht der nächsten Verwandten, besonders der Kinder, ist aber ein natürliches Recht, eine der festen Grundlagen jedes Kulturstaates und findet mit Grund seine stärkste Anerkennung im Pflichtteilsrecht.

2. Das Erbrecht der weiteren Verwandten — die Institution der lachenden Erben — hat keine natürliche, innere Berechtigung mehr in der heutigen Staatsordnung. Es besteht nur darum fort, weil man unterlassen hat, es zu beseitigen.

Wem heute die Aufgabe gestellt würde, das gesamte Erbrecht nach den Bedürfnissen des heutigen Staates und der heutigen Gesellschaft neu zu ordnen, ohne Rücksicht auf Bestimmungen, die vor zweitausend Jahren in Rom Geltung hatten und damals am Platze waren, der würde sicher den entfernten Verwandten ein gesetzliches Erbrecht nicht in den Schoß werfen.

3. Was den praktischen Erfolg anlangt, so kann, wenn die Kinder der Erbschaftssteuer unterworfen werden sollten, die Steuer unbedingt nur eine mäßige sein, folglich kann auch der Ertrag nur ein relativ mäßiger sein.

4. Wenn hingegen nach diesseitigem Vorschlag die entfernten Verwandten als gesetzliche Erben ausgeschaltet werden, wenn an ihre Stelle das Reich tritt (beim Mangel testamentarischer Verordnung), so daß nur die nächsten Verwandten als gesetzliche Erben verbleiben, so fallen der Reichskasse Jahr um Jahr enorme Summen, Hunderte von Millionen Mark anheim!

Und kein Lebender wird dadurch in seinem Recht verletzt!

Man braucht diese Schätze nur zu heben; sie liegen dem Zugriff bereit da, ein herrenloses Gut, auf das niemand einen besseren Anspruch erheben kann, als das Vaterland.

Zwar kann die Gesetzgebung, wenn sie die vorgeschlagene Reform ins Leben einführt und an die Stelle der Ansprüche entfernterer Verwandter ein umfassendes Reichserbrecht setzt, darauf nicht den Ruhmestitel gründen, den übrigen Staaten Beispiel und Vorbild zu sein — denn viele kleine und große Staaten sind auf diesem Wege längst vorangegangen, wie früher dargelegt wurde — aber jedenfalls wird tatsächlich in dem Erbrecht des Reichs an Stelle drückender, unbequemer Steuern eine Einkommenquelle erschlossen, wie sie ergiebiger, leichter und bequemer im ganzen Bereiche der Steuergesetzgebung nicht existiert und nicht existieren kann.

Erbrecht des Reiches*.

Ein sehr erfreuliches Ergebnis haben die Beratungen über die Reichsfinanzreform schon jetzt geliefert:

Der Gedanke einer Reform des Erbrechts in dem Sinne, daß die entfernteren Verwandten als Erben fortfallen und an ihre Stelle das Reich tritt — dieser einfache, große Gedanke, der seit nunmehr zwei Menschenaltern in verschiedenen Formen die hervorragendsten Sozialpolitiker beschäftigt hat, gewinnt unverkennbar immer festeren Boden.

Im Reichstage selbst ist dieses Prinzip von den Vertretern der verschiedensten Parteirichtungen klar und unumwunden als wohlbegründet anerkannt. Sehr beachtenswert sind insbesondere die Ausführungen des Abgeordneten Frhrn. v. Gamp (Stenograph. Bericht der 17. Sitzung des Reichstags vom 11. Januar 1906). Er erklärt, daß er den „Erbanfall bei Geschwistern und noch mehr bei den weiteren Verwandten gewissermaßen als einen Lotteriegewinn ansehe".

---

* „Der Tag". 1906. Nr. 131.

„Bei der heutigen Entwicklung des Verkehrs“, fährt er fort, „hat der Bruder, Vetter, Neffe oder ein noch entfernterer Verwandter eigentlich gar keinen Anspruch auf die Erbschaft des entsprechenden Verwandten und kann doch eigentlich gar nicht auf diese Erbschaft rechnen. In der Regel hängt es von ganz zufälligen Momenten ab, ob jemand seinen Bruder oder Onkel usw. beerbt, z. B. davon, daß der Bruder oder Onkel kinderlos ist. Ich meine, es ist doch eigentlich widersinnig, daß man weitläufige Verwandte, vielleicht im zehnten oder zwanzigsten Grade, durch die Presse suchen muß, daß man erst feststellen muß, ob diese Leute nicht etwa einen Tropfen gemeinschaftlichen Blutes mit dem Erblasser in ihren Adern haben. Da stehen uns Gemeinde, Staat und Reich viel näher. Ich meine also, daß man in dieser Beziehung weitergehen könnte, und hätte auch gar keine Bedenken, eventuell den Reichsfiskus einzusetzen, um den Verstorbenen zu beerben.“

In ähnlichem Sinne hatte sich bereits der Herr Abgeordnete Pachnicke geäußert. Die Ansichten beider Herren fanden nachdrückliche Billigung bei Herrn v. Gerlach, welcher es als das Ideal hinstellte, daß über einen gewissen Verwandtschaftsgrad hinaus überhaupt kein privates Erbrecht anzuerkennen sei; alles, was von da an ohne Testament hinterlassen werde, müsse dem Reiche anheimfallen (Sten. Ber. der 17. Sitzung des Reichstages, Seite 490). In derselben Richtung bewegen sich auch die aus der Praxis geschöpften Erörterungen des Herrn

Amtsgerichtsrat Dr. Schmersahl („Tag“ vom 28. Februar 1906). Das Verdienst, die Frage von neuem, bei Gelegenheit der Verhandlung über den Reichsjustizetat, angeregt zu haben, gebührt Herrn v. Damm. Er hat unter Bezugnahme auf die im „Tag“ veröffentlichten Aufsätze des Verfassers dieser Zeilen („Änderung des Erbrechts“ vom 28. Januar 1905 und „Reichserbrecht“ vom 5. Januar 1906) den Vorschlag gemacht, das private Erbrecht auf die Abkömmlinge der Großeltern des Erblassers zu beschränken, darüber hinaus aber den Reichsfiskus als Erben zu berufen. Wenn er annimmt, daß diese Änderung dem Reiche eine Reihe von Millionen einbringen werde, so ist dies unbedingt richtig. Ganz anders aber stellt sich die Sache, wenn man weitergeht und gemäß dem diesseitigen Vorschlage und im Anschluß an die Gampschen Ausführungen ein privates Erbrecht lediglich bei den Kindern, Eltern und dem Ehegatten des Verstorbenen anerkennt, darüber hinaus jedoch beim Mangel eines Testamentes das Reich erben läßt. Denn nach der von den verbündeten Regierungen aufgestellten Schätzung werden im Deutschen Reiche jährlich rund 4000 Millionen Mark vererbt. Davon fallen rund 3000 Millionen an die Kinder und den überlebenden Ehegatten des Erblassers. Mit den übrigen 1000 Millionen ist hier zu rechnen. Was davon an die Eltern des Verstorbenen entfällt, kommt wenig in Betracht. Wohl aber sind davon die Beträge abzurechnen, über welche testamentarisch verfügt wird. Gesetzt nun den Fall, daß über die volle Hälfte dieser Summe letztwillig verfügt wird, so bleiben immer noch rund 500 Millionen jährlich übrig, welche in die Reichskasse fließen.

Freilich wird dann die Komödienfigur des Erbonkels aus Amerika, auf dessen Tod Neffen und Nichten spekulieren, fortfallen. Das wäre aber zu verschmerzen. Überhaupt werden dann in Zukunft durch den Tod von Verwandten nicht mehr so gute Geschäfte gemacht werden wie jetzt. Aber schwere, drückende Steuern können fortfallen, und dringende, nationale Aufgaben können ohne Zeitverlust, ohne finanzielle Nöte und Verlegenheiten zur Ausführung gebracht werden. Wollte man etwa einwenden, daß durch derartige Reformen der Zusammenhang der Familie gelockert werden könne, so ist zu entgegnen, daß die verwandtschaftliche Zuneigung, welche ihren Sitz in dem Geldschrank des Erbonkels oder der Erbtante hat, kein festes Familienband darstellt. Wo aber wirklicher Familiensinn und Liebe zu Angehörigen vorhanden ist, da wird sie sicherlich durch eine testamentarische Verfügung, die sich in kürzester Zeit errichten läßt, zum Ausdruck kommen. Hat andererseits der Erblasser nicht einmal soviel Interesse für seine Anverwandten, so soll der Staat nicht durch Fiktion einen Zustand schaffen, der den tatsächlichen Verhältnissen zuwiderläuft. Denn das ganze Erbrecht entnimmt den stärksten Grund für seine Existenz dem vermuteten Willen des Erblassers. Wo dieser Wille fehlt, fehlt auch der Rechtsgrund für eine Erbschaft.

Auf Einzelfragen soll hier nicht näher eingegangen werden.

Gewiß kann man zugeben, daß die ländlichen Verhältnisse in bezug auf den Immobiliarbesitz besondere Berücksichtigung verdienen. Eine solche würde beispielsweise schon darin liegen, wenn denjenigen Verwandten des Erblassers, die nicht zu Erben berufen sind, ein Kaufrecht auf den Grundbesitz verliehen würde, damit dieser Besitz auch über den Kreis der erbberechtigten Verwandten hinaus in der Familie erhalten bliebe. Das sind aber, wie schon erwähnt, Spezialfragen, welche, so wichtig sie sind, an dieser Stelle nicht erörtert werden sollen, weil sie das Grundprinzip, die Notwendigkeit einer Reform des Erbrechts, unberührt lassen. Daß die Überzeugung von der Notwendigkeit dieser Reform in immer weitere Kreise gedrungen ist, daß hervorragende Politiker der verschiedensten Parteien mit Wärme und Entschiedenheit für die Reform eingetreten sind, das ist ein unter allen Umständen erfreuliches Ergebnis der bisherigen Verhandlungen des Reichstages. Und die Hoffnung ist jetzt wohl begründet, daß die prophetischen Worte in Erfüllung gehen, die einer der ersten Vorkämpfer für die Erbrechtsreform, der verstorbene Professor Dr. Hans v. Scheel, Präsident des Kaiserlichen Statistischen Amtes in Berlin, im Jahre 1894 niederschrieb*:

* In einem Briefe an den Verfasser vom 25. Januar 1894.

„Wenn auch im Augenblick die Strömung in Deutschland der Erbschaftssteuer ungünstig ist, die zu einer Erbrechts-reform hinüberleiten könnte, auch diese selbst im neuen Bürgerlichen Gesetzbuch wohl kaum eine Förderung finden wird — die Zeit kommt doch noch."

Das Deutsche Reich als gesetzlicher Erbe an Stelle der entfernten Verwandten*.

Wiederholt wurde in diesen Blättern die Frage der Reform des Erbrechts besprochen, wonach die entfernten Verwandten als gesetzliche Erben ausgeschaltet und durch den Reichsfiskus ersetzt werden. Es wurde auch berichtet, daß der Gedanke der Reform, längst vorbereitet durch die Wissenschaft und in verschiedenen Gesetzgebungen praktisch durchgeführt, in den jüngsten Verhandlungen des Reichstages bei den Vertretern sehr verschiedener Richtungen lebhaften Beifall gefunden hat. Für die Leser des „Tags" werden nähere Mitteilungen darüber von Interesse sein, wie sich die Kommission für die Steuergesetze zu der Frage des Reichserbrechts gestellt hat. In der 43. Sitzung der Kommission vom 27. April 1906 beantragte Herr v. Damm eine Resolution, wonach außer dem engeren Kreise der Familie nur noch den

* „Der Tag". 1906. Nr. 528.

Großeltern (und eventuell weiteren Voreltern) ein gesetzliches Erbrecht zustehen, an die Stelle der weiteren Verwandten aber der Reichsfiskus treten solle. Nachdem dieser Antrag durch Herrn Abgeordneten Bokelmann noch eine Einschränkung erfahren hatte, ergab die Diskussion volle Übereinstimmung zwischen Vertretern der nationalliberalen, der Reichspartei, der Wirtschaftlichen Vereinigung und der sozialdemokratischen Partei dahin, daß grundsätzlich die nicht testamentarisch angeordnete Erbfolge der entfernten Verwandten in Wegfall kommen und durch das Erbrecht des Reichs zugunsten des Reichsfiskus ersetzt werden müsse. In bezug auf Einzelheiten entstanden mancherlei Zweifel. Und es ist ja zuzugeben, daß man beispielsweise sehr darüber streiten kann, an welcher Stelle das Reichserbrecht einsetzen müsse, ob im Staatsinteresse der Erbonkel aus der Komödie notwendig von dem Neffen, ob der Neffe unbedingt von seinem Onkel beerbt werden müsse, auch wenn eine dahingehende testamentarische Willenserklärung fehlt — und dergleichen mehr. Allein der Grundsatz, daß ein ganz schrankenloses Verwandtenerbrecht innerlich unbegründet ist und nur als ein Überbleibsel versteinerten römischen Rechts im heutigen Deutschen Reich fortlebt, dieser Grundgedanke fand bei den Vertretern der erwähnten Richtungen keinerlei Widerspruch, wie er ja den Ausgangspunkt der ganzen Reform darstellt. Einwendungen von anderer Seite gipfelten darin, daß nicht finanzielle, sondern ethische Rücksichten maßgebend sein müßten — daß aber auch jedes finanzielle Ergebnis ausbleiben werde, da ja testamentarische Anordnungen Gültigkeit behielten. Darauf ist zu erwidern, daß gerade ethische Rücksichten die starke Grundlage der Erbrechtsreform bilden. Oder entspricht es dem Gebote höherer Sittlichkeit, daß das Vermögen eines Menschen nach seinem Tode an eine Person fällt, die er nicht einmal gekannt, geschweige geliebt hat, mit der ihn nichts verband als die Tatsache der Blutmischung in irgendwelcher beliebigen Verdünnung*? Daß über dem Grabe des Verstorbenen unter seinen Verwandten erbitterte Erbschaftsprozesse toben, die nur der Habsucht entspringen, die schlechtesten Leidenschaften aufwühlen bis zum Verbrechen, die Haß und dauernde Feindschaft unter Anverwandten hervorrufen und damit gerade den Familienzusammenhang zerstören? Ist es ethisch geboten, daß mir das Vermögen eines verschollenen Großonkels in den Schoß fällt, weil er unterlassen hat, testamentarisch zu verfügen, hat solcher Erwerb etwa einen anderen Charakter als den eines Lotteriegewinnes ohne Einsatz? Man darf umgekehrt behaupten, daß die bestehende „Institution der lachenden Erben" eine ungerechte und unsittliche ist, die der Volksmund gar nicht treffender verurteilen konnte, als er getan hat. Kein Grund rechtfertigt es, Verwandte erben zu lassen, die als lachende Erben anzusehen sind. Hier greift das Recht der Testamentserrichtung ein. Wer einen entfernten Verwandten oder auch Nichtverwandten aus Anhänglichkeit oder zur

* Vgl. v. Scheel: „Erbschaftssteuern und Erbschaftsreform". 1877. S. 38.

Belohnung für treue Dienste oder aus sonstigen Gründen zum Erben einsetzen will, kann das ja nach wie vor. Nur soll nicht das Gesetz bei dem Erblasser eine Vorliebe für entfernte Verwandte unterstellen, die er vielleicht im ganzen Leben nicht gesehen oder kennen gelernt hat, und schematisch eine Verwandten-Stufenleiter als einzige Richtschnur für die Beerbung aufstellen, weil kaltherziger Egoismus des Rechts von Rom nichts Besseres kannte. In der Tat erscheint es fast als ein Produkt der Verlegenheit darüber, einen Nachlaß unterzubringen, wenn die Verwandtschaft eines Verstorbenen mit allem Aufwand spitzfindiger Jurisprudenz, mit kostspieligen Aufrufen in den Blättern, bis in den letzten Grad verfolgt wird, um nur ja noch eines „Verwandten" habhaft zu werden. Und der ist dann der beste Erbe von Rechts wegen! — Die römische Schablone ist auch darin zu verwerfen, daß die Gegenstände der Beerbung unterschiedslos behandelt werden, während es zutage liegt, daß die Interessen des ländlichen Grundbesitzes eine besondere Behandlung im Erbfalle erfordern. Soviel wird jedenfalls aus unserer Betrachtung hervorgehen, daß man dem Projekte der Erbrechtsreform nicht entgegenhalten kann, es lasse die Grundsätze der Ethik unberücksichtigt. Gewichtiger erscheint der Einwurf, der nur praktischen Erwägungen entnommen ist, die ganze Reform müsse ohne materielle Ergebnisse bleiben, da jedermann durch Testament das Reichserbrecht ausschließen könne. Theoretisch ist der Satz sogar unanfechtbar. Zwar wäre ein

Gesetz immer noch mit Dank zu begrüßen, wenn es auch nur die eine Folge hätte, die Fürsorge für den Todesfall zu befördern und zu verallgemeinern. Aber der Satz ist überhaupt nur in der Theorie zutreffend. Wie will man behaupten, daß nach Eintritt der Reform jedermann testieren werde, nur um die Erbfolge des Reichsfiskus zu verhindern? Wer es heute unterläßt, ein Testament zu machen, tut es doch in den wenigsten Fällen deswegen, weil er der gesetzlichen Erbfolge ihren Lauf lassen will — die er regelmäßig gar nicht kennt, wenn es sich um Verwandte außerhalb des nächsten Familienkreises handelt —, sondern es unterbleibt die Testamentserrichtung aus Gleichgültigkeit, aus Abneigung dagegen, sich mit dem Gedanken des eigenen Todes zu beschäftigen und aus ähnlichen Gründen. Dieselben Momente werden aber auch in Zukunft wirksam bleiben. Es kann ja sein, daß einzelne einen entfernten, gleichgültigen Anverwandten immer noch lieber als Erben sehen werden als den Reichsfiskus. Weil ihnen aber beide im Grunde gleichgültig sind, werden die Erblasser sich auch in solchem Falle nicht häufig zur Testamentserrichtung entschließen. Dazu kommt noch ein ideales Moment. Die Anhänger der alten römischen Verwandtenerbfolge glauben, daß durch dieses Institut der Familienzusammenhang aufrechterhalten und gestärkt werden müsse. Stellt man sich auf den Standpunkt, so darf man hoffen, daß die Aufstellung eines Reichserbrechtes im Laufe der Zeit zur Stärkung vaterländischer Gesinnung beitragen und das Bewußtsein heben werde, was jeder Bürger der Staats- und Reichsgemeinschaft verdankt und was er ihr schuldig ist, wenn ihm nähere Pflichten nicht obliegen. So ist denkbar und zu hoffen, daß die Umbildung des Erbrechtes auf die Dauer zu einer Befestigung des Reichsgedankens und zur Stärkung der Liebe zum Vaterlande führen werde.

Auf alle Fälle ist bei der hier aufgestellten Schätzung davon ausgegangen — um dem Vorwurf eines zu großen Optimismus vorzubeugen —, daß tatsächlich die volle Hälfte der Erbschaften, welche nicht an die nächsten Angehörigen fällt, durch testamentarische Bestimmung vergeben werde; dabei noch fielen der Reichskasse rund 500 Millionen Mark jährlich zu! Durch diese Erwägungen wird sich die Befürchtung erledigen, daß das Reichserbrecht durch testamentarische Verfügungen hinfällig werden müsse.

Wenn gleichwohl die Kommission in ihrer Mehrheit sich nicht für den Antrag von Damm-Bokelmann aussprechen zu können glaubte, so dürfte die Erklärung dafür in dem Umstande zu suchen sein, daß einmal die Kommission zur Entscheidung dieser Frage sich nicht eigentlich berufen fühlte, daß ferner die Einzelheiten der Materie verwickelte und verwirrende sind, und endlich, daß es sich um eine Reform handelt, die sich in bewußten Gegensatz zu den Grundsätzen des römischen Rechts stellt. Die römisch-rechtlichen Ideen werden aber auch heute noch nur langsam preisgegeben, obwohl es sich gerade bei dem Institut des Erbrechts um Regelung von sozialen Verhältnissen handelt, die im heutigen Deutschen Reich von Grund aus andere sind als vor 2000 Jahren in Rom, die also auch eine andere, dem heutigen Empfinden entsprechende gesetzliche Regelung gebieterisch fordern.

Die Stellung der verbündeten Regierungen zu dem Antrage war zunächst eine abwartende. Dies ist leicht erklärlich bei der Erörterung einer sozial- und finanzpolitisch so bedeutsamen Frage. Es kam noch eine gewisse — von einer der maßgebenden Stellen schon vorher ausgesprochene — Besorgnis hinzu, durch das Aufrollen dieser Frage vor Entscheidung über die eingebrachten Gesetzesvorlagen möglicherweise das Schicksal der Vorlagen selbst zu gefährden. Es hätte ja in der Tat leicht entgegnet werden können, daß die Gesetzentwürfe für die Reichsfinanzreform überflüssig seien, wenn in der Reform des Erbrechts sich eine Einkommenquelle für das Reich eröffne, die größere Erträge liefere als alle jene zusammengenommen. Um so dankenswerter und bedeutsamer war es, daß die verbündeten Regierungen trotzdem durch den Herrn Geheimen Oberregierungsrat Degg die Erklärung abgeben ließen, es könne in eine erneute Erwägung darüber, ob und inwieweit eine Beschränkung des Erbrechts angemessen sei, eingetreten werden, zumal da die Regierungen schon bei der Beratung des BGB. eine Begrenzung des privaten Erbrechtes vorgeschlagen hätten.

Hält man diese amtliche Äußerung zusammen mit den erwähnten in der Kommission abgegebenen Erklärungen der Herren Büsing, v. Damm, Bokelmann und Bernstein und erwägt man, daß kurz vorher im Plenum die Abgeordneten Frhr. v. Gamp, v. Damm und v. Gerlach — Vertreter recht verschiedener Richtungen — sich mit Entschiedenheit für die Beschränkung der gesetzlichen Erbfolge zugunsten des Reichsfiskus ausgesprochen haben, so läßt sich gar nicht verkennen, daß die Verhandlungen des Reichstages von 1906 in der Geschichte der Reform des deutschen Erbrechts einen großen Schritt vorwärts bedeuten. Bleiben die Freunde der Reform — und diese sind keineswegs nur in den Kreisen des Reichstages zu suchen, wie oben angedeutet wurde — der guten Sache treu, wie in fester Überzeugung, so auch in kräftiger Aktion, so steht zu hoffen, daß der unüberwindliche Gedanke der Reform in Kürze zum wohltätigen Gesetz wird. Dieses Gesetz über die Änderung des Erbrechts wird sich darstellen als ein Ergebnis der geschichtlichen Entwicklung, der Gerechtigkeit und Vaterlandsliebe. Und es wird sich höchst merkwürdig und vorteilhaft von anderen Arbeiten auf dem Gebiete der Gesetzgebung dadurch unterscheiden, daß es dem Reiche Hunderte von Millionen jährlich zuführt, ohne einen einzigen Menschen zu schädigen oder zu belasten.

Vom Recht der lachenden Erben*.

Wer unbefangenen Sinnes die lange Reihe hervorragender Nationalökonomen und Juristen betrachtet, die seit einem Jahrhundert für die Reform des Erbrechts eingetreten sind, wer das Gewicht der Gründe prüft, die für die Beseitigung des Instituts der lachenden Erben sprechen, der darf staunend fragen: Wie ist es möglich, daß solches Unrecht noch heute Rechtens ist?

In den folgenden Zeilen soll der Nachweis versucht werden, daß historische Irrtümer und hergebrachte Scheingründe die Schuld tragen, wenn noch heute ein schrankenloses Verwandtenerbrecht in Geltung steht.

Geschichtlich bestand ein unbeschränktes Verwandtenerbrecht so wenig im alten römischen, wie im alten deutschen Recht. Die älteren deutschen Volksrechte, ja noch der Sachsenspiegel, enthielten bestimmte (untereinander verschiedene) Begrenzungen des gesetzlichen Erbrechts der Verwandten**, und was den wichtigstes Teil des Nach-

* Deutsche Juristen-Zeitung. XII. Jahrg. Nr. 11.

** Ssp. I, 3 § 3 a. E. L. Bajuv. 14, 9, 4 („illas res fiscus acquirat"). Jütsche Low 1, 23 § 6, 7 („Sind auch keine rechten Erben da bis in das siebente Glied — so nimmt der König das

lasses, den Grund und Boden anlangt, so bestand daran überhaupt nur ein beschränktes Erbrecht. Er vererbte auf die Söhne des verstorbenen Besitzers. Waren solche nicht vorhanden, so fiel das Land bei den Salfranken der Gesamtheit der Dorfgenossen anheim*. Im älteren römischen Recht war das Intestaterbrecht gleichfalls begrenzt auf sechs Grade der Verwandtschaft, vom siebenten erbten nur noch die Kinder der sobrini. Wenn Kaiser Augustus, von diesem Rechtszustande ausgehend, dem Fiskus durch die lex Papia Poppaea ein Erbrecht unmittelbar hinter den sonstigen Intestaterben gewährte, so mag das juristisch anfechtbar gewesen sein, im Staatsinteresse war es sicherlich eine weise Maßregel, die der Staatskasse beträchtliche, dauernde Einnahmen zuführte. Erst Kaiser Justinian, dem Juristen, war es vorbehalten, in der Nov. 118 die Erbrechtsgrenze dergestalt zu beseitigen, daß auch der entfernteste Verwandte als Gesetzeserbe berufen wurde, damit aber dem seiner Fürsorge anvertrauten Staatswesen alle die Einnahmen zu entziehen, die sein weitblickender Vorgänger dem Fiskus zugewiesen hatte. Welche Erwägungen den Kaiser dabei geleitet haben, läßt sich schwer erkennen. Vielleicht war es die Konsequenz des Rechts, die bestimmend für ihn war. Daß er auf diesem Wege die Wohlfahrt und Zufriedenheit seiner Völker erhöht

Gut"). Vgl. v. Sydow, Darstellung des Erbrechts nach den Grundsätzen des Sachsenspiegels mit Rücksicht auf die verwandten Quellen. Berlin, 1828. Die Grenzen sind weit gezogen, aber vorhanden.

* Brunner, Deutsche Rechtsgeschichte, Bd. 1 S. 195.

hätte, darüber ergeben die Quellen nichts. Die künstlichen Finanzoperationen, die notwendig wurden, um die Ausfälle der Staatskasse zu decken, sprechen jedenfalls nicht dafür. Immerhin haben seitdem Richter und Anwälte Stoff zu neuen, verwickelten Prozessen gewonnen, — zum moralischen und finanziellen Nachteil der streitenden Parteien.

Bei der Rezeption des römischen Rechts wurde der Wert oder Unwert dieses Gesetzes so wenig geprüft, wie der von vielen anderen; es genügte, daß die Novelle 118 im Corpus juris stand, um sie unbesehen als einen Teil der „ratio scripta" zu akzeptieren. Das bessere deutsche Recht mußte dem schlechteren römischen weichen. Und auf diesem Wege gelangte schließlich das byzantinische Gesetz aus dem Jahre 543 in das BGB. des Deutschen Reiches von 1900, — ein Rückschritt, der um so erstaunlicher ist, als das BGB. damit sogar ältere Kodifikationen hinter sich ließ, wie das österreichische bürgerliche Gesetzbuch und den Code civil, die es verstanden hatten, sich von den römischen Fesseln freizumachen — anderer jüngerer moderner Gesetzgebungen ganz zu geschweigen!

Dem Leser bleibe es überlassen, hiernach zu beurteilen, ob für den bestehenden Zustand auch nur historische Gründe mit Recht ins Feld geführt werden können. Doch kann die Frage auf sich beruhen. Denn es ist für das Bedürfnis der Gegenwart ganz gleichgültig, was vor 1500 Jahren in Rom oder in Byzanz gegolten hat; es kommt für die Gegenwart nur darauf an, das Recht zu ermitteln, welches heutigem Empfinden entspricht. Von diesem Standpunkt aus mag untersucht werden, ob und inwieweit das schrankenlose Verwandtenerbrecht etwa aus inneren Gründen gerechtfertigt erscheint. Die Frage führt direkt auf die Frage nach dem Wesen, dem inneren Grunde des Erbrechts überhaupt. Wir unterscheiden testamentarisches, auf dem ausgesprochenen Willen des Erblassers beruhendes und gesetzliches, beim Mangel solcher Erklärung eintretendes Erbrecht. Der Streit dreht sich nur um das letztere. Wie die staatliche Gesetzgebung den ausgesprochenen Willen des Verstorbenen in bezug auf die Verwendung seines Nachlasses respektiert, so wird man behaupten können, daß auch die Volksüberzeugung im großen und ganzen denselben Standpunkt einnimmt. Mithin läßt sich als Rechtsgrund der testamentarischen Erbfolge der Wille des Erblassers bezeichnen. Bei der gesetzlichen Erbfolge liegt es anders. Sie tritt kraft staatlicher Bestimmung ein, wenn ein Willensakt des Erblassers fehlt. Da aber nur Verwandte des Erblassers berufen werden, so wird dabei offenbar unterstellt, der Verstorbene habe diese als Erben gewollt. Das Gesetz stellt mit anderen Worten eine Rechtsvermutung zugunsten des nächsten Verwandten auf. Das erscheint auch gerechtfertigt, wenn man an Fälle denkt, in denen ein Familienvater stirbt, ohne für Frau und Kinder durch letztwillige Verfügung zu sorgen. Mit gutem Grunde wird hier angenommen, daß der Erblasser diesen Angehörigen sein Vermögen habe zuwenden wollen. Wenn er aber so nahe Verwandte nicht hinterläßt, sondern nur Seitenverwandte, etwa einen Vetter in Amerika oder noch entferntere Verwandte? Ist dann die Vermutung gleich stark, daß diese ihn beerben sollten? Auch wenn der Verstorbene sie vielleicht nicht einmal gekannt oder von ihrem Dasein gar nichts gewußt hat? Die Antwort liegt auf der Hand. Das will niemand gutheißen. Aber die Schwierigkeit liegt darin, die Grenze richtig zu ziehen. Vielfach hat man versucht, die Schranke für das Familienerbrecht dort zu errichten, wo der Familiensinn, der Familienzusammenhang aufhöre. Auch überzeugte Anhänger der Erbrechtsreform haben gemeint, soweit der Familiensinn reiche, sei ein Erbrecht begründet, nur nicht darüber hinaus.

Dieser Satz ist nach der negativen Seite hin gewiß richtig. Wo kein Familienzusammenhang mehr besteht, ist ein Erbrecht bodenlos. Aber positiv kann nicht zugegeben werden, daß ein Erbrecht so weit begründet erscheine, als der Familiensinn reiche. Denn einmal ist „Familiensinn" ein schwankender Begriff mit flüssigen Grenzen, und dann erscheint es sittlich und gesetzgeberisch nicht gerechtfertigt, die Erlangung einer Erbberechtigung als eine notwendige Konsequenz verwandtschaftlicher Zuneigung, wie eine Prämie dafür, hinzustellen, als wenn beide Begriffe unlösbar miteinander verbunden wären.

Der ideale Wert des Familiensinnes ist unbestreitbar. Aber der Begriff ist schwer zu umgrenzen, sowohl nach Inhalt wie nach Umfang. Die Schwierigkeit ist noch größer, seitdem der Zusammenhang der Familie sich gelockert hat. Seit der moderne Staat die Fürsorge für die durch Krankheit und anderes Mißgeschick geschwächten Glieder der Gesellschaft als seine eigene Aufgabe erkannt und übernommen hat, seitdem durch die Entwicklung des Verkehrs die Entfernungen verringert, die Gelegenheit zum Erwerbe vermehrt ist, seit der Zeit ist der Verband der Familie loser geworden. Familienglieder, die durch Raum und Zeit voneinander getrennt sind, verlieren allmählich gemeinsame Interessen. Das ist eine bedauerliche, aber nicht wegzuleugnende Tatsache. Dort aber, wo gleichwohl noch enge Beziehungen des Familienverbandes bestehen, sind Streitigkeiten, Prozesse, erbitterte Feindschaft nichts Seltenes. Alles das sind Momente, die von vornherein die Durchführung des Satzes erschweren, daß ein gesetzliches Erbrecht so weit anerkannt werden solle, als Familiensinn vorhanden sei. Aber gesetzt, man könnte formulieren: der Familiensinn reicht ein für allemal bis zum dritten oder vierten Grad der Seitenverwandtschaft, so folgt daraus noch keine zwingende Notwendigkeit, daß diese Verwandten aus Anhänglichkeit an den Verstorbenen sein Vermögen in die Tasche stecken.

Wie wenig die einseitige, schematische Berücksichtigung der Verwandten dem Willen des Erblassers gerecht wird, mögen einige Beispiele erläutern.

Der Erblasser lebt ohne Zusammenhang mit seinen Verwandten seit vielen Jahren im besten Einvernehmen mit einem alten Freunde zusammen, der ihn selbstlos bis an sein Ende pflegt. Er stirbt ohne Testament. Die

Verwandten, denen der Verstorbene fernstand, erhalten seinen Nachlaß, sein einziger Freund geht leer aus. Denn das Gesetz vermutet, daß der Erblasser seine Verwandten zu Erben haben wollte. Oder der Erblasser ist aus bestimmten Gründen mit einem Vetter, seinem nächsten Angehörigen, tödlich verfeindet; er hat deswegen wiederholt geäußert und auch in schriftlicher Aufzeichnung erklärt, daß dieser Vetter keinen Pfennig erben solle. Dennoch fällt dem Vetter beim Mangel eines Testaments der ganze Nachlaß zu, weil anzunehmen ist, daß dies den Wünschen des Erblassers entspricht. Oder das hinterlassene Vermögen ist gering, 300 Mark im ganzen. Die nächsten Erben, die ermittelt werden, sind entfernte, drei Brüder, von deren Existenz der Verstorbene nichts gewußt hat. Der eine Bruder ist Millionär, der andere sitzt im Zuchthaus, der dritte ist ein ordentlicher Handwerker mit wenig Geld und vielen Kindern. Jedem der drei Erben fallen 100 Mark zu, weil dies als die vermutete Absicht des Verstorbenen anzusehen ist! Hier erübrigt sich jeder Kommentar. Und wenn auch zugegeben ist, daß so krasse Fälle nicht häufig eintreten, so liegt es doch zutage, daß die Vielgestaltigkeit des Lebens, die Verschiedenheit der Neigungen, Wünsche, Interessen des Erblassers, die Verschiedenheit des Charakters, der Vermögens- und Familienverhältnisse der Verwandten auch nicht die leiseste Berücksichtigung in einem Gesetz finden, welches ein für allemal einseitig, oberflächlich und trocken sagt: Der nächste Verwandte bekommt den Nachlaß. Da erhebt sich die Frage: Wie soll dem Übelstande abgeholfen werden? Welches Mittel gibt es für die Behörde, zu erkennen, wer dem Verstorbenen in Wirklichkeit der liebste Erbe gewesen wäre? Die Antwort lautet: Gar keines. In der ungeheuren Mehrzahl der Fälle ist solche Feststellung schon deshalb unmöglich, weil der Erblasser selbst mit dieser unbehaglichen Frage sich wenig beschäftigt hat, ja ihrer Beantwortung sogar aus dem Wege gegangen ist, wie er denn ein Testament überhaupt nicht errichtet hat. Der praktische Jurist weiß, wie häufig noch bei der Errichtung des letzten Willens der Testator im unklaren ist, wen er bedenken soll, wie gern er gerade auf diesem Gebiet einen Wink entgegennimmt, wie manche Zuwendung für gemeinnützige Zwecke mehr auf Rechnung des instrumentierenden Beamten als des Testators selbst kommt. Ungleich größer noch ist die Unklarheit und Unsicherheit bei der Mehrzahl derer, die zur Errichtung des Testaments überhaupt nicht gelangen. Hier sollte es die Staatsgesetzgebung nicht als ihre Aufgabe betrachten, Rätsel zu raten, die von Verstorbenen aufgegeben werden. Vielmehr führt Logik und Recht zu der Erwägung: Hat der Erblasser ein wahres Interesse daran, sein Vermögen einer bestimmten Person, verwandt oder nicht, zuzuwenden, so mag er dies aussprechen, dann wird sein Wille respektiert; gibt er solche Direktive nicht, läßt er die Welt darüber im unklaren, so sagt der Staat, das Reich, mit Fug und Recht in gesundem, idealen Egoismus: „Ich nehme für mich in Anspruch, worüber nicht anders disponiert ist , wie dies bei herrenlosen Grundstücken längst Rechtens ist. Damit ist die schwierige Frage im Interesse aller Staatsangehörigen glatt gelöst. In dieser Lösung liegt auch keine Härte. Das Recht der Testamentserrichtung bleibt unberührt; jedem Wunsche des Erblassers wird Gewährung, wenn er ihn nur ausspricht. Soviel aber darf und muß der Staat von seinen Angehörigen fordern, wenn es sich um den Verbleib des ganzen Vermögens handelt, da doch bei so viel geringeren Dingen, bei Steuerveranlagungen, statistischen Erhebungen, Erklärungen unter Strafandrohung erzwungen werden. Und von einer Härte gegen beutelustige Verwandte kann noch weniger die Rede sein. Ihr Recht ist ja schon heute nichts als eine ungewisse Erwartung, deren Erfüllung nicht allein von dem Willen des Erblassers, der durch einen Federstrich solche Hoffnung durchkreuzen kann, abhängig ist, sondern auch davon, daß der Erblasser zur rechten Zeit stirbt, nämlich vor seinen erwartungsvollen Anverwandten.

Natürlich richtet sich der Reformvorschlag nicht gegen die nahen Angehörigen des Verstorbenen, gegen seine Kinder und sonstigen Abkömmlinge, gegen seinen Ehegatten, seine Eltern. Ihr Erbanspruch ist mit gutem Grund festgewurzelt im Volksbewußtsein; nicht darum, weil sie dem Grade nach, zahlenmäßig, dem Erblasser näherstehen als Vettern und Basen, sondern weil ihr Verhältnis zu dem Erblasser qualitativ ein anderes ist, begründet durch die Natur, ausgedrückt durch die engste unmittelbare Lebensgemeinschaft, die wir kennen, und gesetzlich anerkannt durch das Recht auf den Pflichtteil. Ihnen, den Pflichtteilserben, muß demnach auch das gesetzliche Erbrecht zustehen.

Daß schließlich bei einer Reform des Intestaterbrechts auch der Gegenstand der Beerbung geprüft, daß insbesondere der ländliche Grundbesitz im volkswirtschaftlichen Interesse besonders berücksichtigt werden muß, bedarf keiner weiteren Begründung.

Auf diesem Wege der Erbrechtsreform wird das Unrecht der lachenden Erben beseitigt, das gute Recht der nahen Angehörigen gewahrt, die Freiheit der Testamentserrichtung bleibt unberührt; zahllosen verderblichen und gerade das Familienverhältnis vergiftenden Erbschaftsprozessen mit ihrem traurigen Gefolge von Meineid, Verleumdung und anderen Verbrechen, die selbst Anlaß zu neuen Prozessen bieten, wird der Boden entzogen — dem Reiche aber fallen, ohne daß auch nur ein erworbenes Recht verletzt wird, dauernde Einnahmen zu, die auf rund eine halbe Milliarde jährlich zu schätzen sind!

Erbrechts- und Finanzreform*.

Die Finanznot des Reiches steigt. Ernster Besorgnis ist im Reichstage von maßgebender Stelle Ausdruck gegeben. Auch wenn es noch einmal gelingen sollte, die augenblicklichen Schwierigkeiten zu heben, das entstandene Loch zuzustopfen, so wird damit auf die Dauer die erschreckende Verworrenheit der Reichsfinanzen nicht beseitigt. Bei dieser Lage kann ein Vorschlag nicht sorgfältig genug geprüft werden, der der Reichskasse 500 Millionen Mark jährlich zuführen will, ohne daß dadurch ein erworbenes Recht verletzt wird.

Den einen Vorzug hat die Erbrechtsreform sicher vor jedem Steuerprojekt: sie nimmt es nicht „von den Lebendigen". Früher bereits versuchte ich den Nachweis, daß das schrankenlose Verwandtenerbrecht, insbesondere der Seitenverwandten, weder geschichtlich, noch logisch, auch nicht durch Berufung auf den Familiensinn zu rechtfertigen sei und daß nach dem sozialpolitischen Empfinden der Gegenwart unberechtigte Interessen Privater hinter dem der Gesamtheit zurückstehen müssen. Heute möchte

* Deutsche Juristen-Zeitung. XII. Jahrg. Nr. 24.

ich untersuchen, welche Wirkungen die empfohlene Reform des Erbrechts ausüben würde.

Sie wird in erster Linie Klarheit an Stelle von Unklarheit setzen. Wenn heute bei einem Todesfall nahe Angehörige fehlen und ein Testament nicht vorhanden ist, so sind entferntere Verwandte des Erblassers regelmäßig im unklaren, ob und eventuell welchen Teil des Nachlasses sie erben. Auch gebildete Laien wissen selten, wieviel vom Nachlasse die überlebende Witwe beanspruchen kann, wieviel der Vater oder ein Neffe des Erblassers. Sie wenden sich also an einen Richter oder Anwalt. Dieser seinerseits, wenn er nicht sehr mutig oder rechtsgelehrt ist, erteilt erst nach Prüfung des BGB. seinen Rat. Irrt er dabei in der Höhe der Quote oder in der Erbberechtigung, so vertraut ihm der Fragesteller natürlich ebenso wie bei einer zutreffenden Auskunft. Keine Spur also von sicherem, natürlichen Rechtsbewußsein, weder bei den Juristen, noch bei den Laien. Das wäre in Zukunft ganz anders. Wer künftig keine nahen Angehörigen besitzt und kein Testament errichtet, spricht damit aus: „Mein Erbe ist das Vaterland!" Ein klarer, stolzer Rechtsgedanke für die Angehörigen einer großen Nation! Grundverschieden von jenem Erzeugnis des Juristenrechts, dem dunklen Paragraphengewirr, in welchem selbst der Gebildete sich nicht ohne juristischen Führer zurechtfindet, geschweige der Mann aus der Masse des Volkes. Diese Führer werden entbehrlich. Der Rechtssatz: „Mein Erbe ist das Vaterland", ist von durchsichtiger Klarheit; deswegen wird er leicht verstanden und zum Volksrecht werden. Er ist aber auch der Ausdruck einer gereiften Erkenntnis vom Wesen des Staates und eines Patriotismus, der sich nicht in leeren Worten erschöpft, sondern Institutionen schafft; darum wird er in natürlicher Wechselwirkung Vaterlandsliebe wecken, stärken und verbreiten. Das ganze Verhältnis des einzelnen zur Staats- und Reichsgemeinschaft wird anders, besser, sobald der neue Gedanke in das Bewußtsein der Nation eingedrungen ist. Die Beobachtung, daß der Fiskus erblose Verlassenschaften an sich nimmt, wird zuerst überraschen, zumal wenn es sich dabei um gute Bekannte oder entfernte Verwandte handelt; sie wird aber auch anregen, darüber nachzudenken, weswegen dies geschieht. Und der Grund liegt klar zutage, was der moderne Staat, besonders das Reich dem einzelnen leistet. Es ist nicht bloß der Schutz für die Person und den Besitz nach außen und nach innen, der dem Bürger gewährleistet wird, nicht allein Unterricht und Rechtspflege, die Eröffnung neuer Erwerbsquellen, sondern weit darüber hinaus die Fürsorge für die durch Krankheit, Unfälle, Alter geschwächten Glieder der Gemeinschaft. Sogar für Arbeitslose, Witwen und Waisen soll und will das Reich eintreten! Eine Fürsorge, die sich in Errichtung und Leitung der erforderlichen Institutionen wie in der unmittelbaren Leistung von Beiträgen betätigt. So umfassende, stetig wachsende Aufgaben erfordern gewaltige Mittel, die durch keine Steuer so leicht, gerecht und ergiebig aufgebracht werden wie durch die Erträge des Reichserbrechts. In

Verfolg dieses Gedankens bedeuten die Millionen Erbgelder, die dem Reiche zufließen, beträchtliche Ersparnisse des einzelnen, der sonst mit eigenen Mitteln dazu beitragen müßte, diese Summen aufzubringen. Jeder neue Erbfall zugunsten des Reiches wird damit zu einem erfreulichen Ereignis; je mehr das Reich erbt, um so besser für den einzelnen! So wächst unmerklich das Interesse daran, daß die gemeinsame Kasse sich füllt, daß das Gesamtvermögen des Reiches sich mehrt. Und so wachsen materielle und ideelle Interessen zusammen in der Anhänglichkeit an das Vaterland.

Schwarzseher denken anders. Sie befürchten, wenn das Erbrecht des Reiches aufgerichtet ist, würden häufiger Testamente gemacht, um dem Reiche das Erbe zu entreißen; dadurch werde die Reform vereitelt. Wie unbegründet diese Besorgnis ist, darauf soll später zurückgekommen werden.

Die wichtigste Folge der Aufstellung des Reichserbrechts auf materiellem Gebiete besteht darin, daß der Reichskasse jährlich rund 500 Millionen Mehreinnahmen zufließen. Mit diesem Ertrage könnte also in acht Jahren die ganze Reichsschuld gedeckt werden! Ist dies richtig, so handelt es sich um eine sozial- und finanzpolitische Frage ersten Ranges. Genau läßt sich der Ertrag einer Finanzreform im voraus niemals angeben, es kann sich immer nur um Schätzungen handeln. Aber die Berechnung stützt sich auf amtliche Materialien, die dem Entwurf des Erbschaftssteuergesetzes beigegeben sind. Danach beläuft sich das in Deutschland durchschnittlich jährlich zur Vererbung gelangende Vermögen auf 4000 Millionen. Erfahrungsgemäß gelangen hiervon $^3/_4$, also 3000 Millionen, an die Deszendenten und den Ehegatten. Es bleiben mithin 1000 Millionen übrig, die an Aszendenten und an Seitenverwandte fallen. Erbfälle zugunsten von Aszendenten kommen so wenig in Betracht, daß sie für die Berechnung außer Ansatz bleiben dürfen. Es fallen also rund 1000 Millionen an Seitenverwandte, sei es laut Testament oder laut Gesetz. Obwohl nun die testamentarischen Zuwendungen an Seitenverwandte seltene Fälle sind, wird doch der Sicherheit wegen angenommen, daß die volle Hälfte auf testamentarischem Wege an Seitenverwandte falle. Dann verbleiben noch immer 500 Millionen, welche nach bisherigem Recht beim Fehlen eines Testaments den Seitenverwandten, nach der Reform dem Reiche zufallen würden. Die Zahl ist in Wirklichkeit nicht zu hoch gegriffen. Der Gesamtbetrag des zur Vererbung gelangenden Vermögens muß, streng genommen, nicht auf 4000, sondern auf weit über 5000 Millionen angesetzt werden, weil die verbündeten Regierungen bei dem Abschnitte „Steuerbare Masse" die kleinen Vermögen bis 6000 Mark (bzw. 20000 Mark) nicht berücksichtigt haben*. Es erhöhen sich die Zahlen also um 25 %. Für die Reform kommen mithin nicht nur 1000, sondern

* Amtl. Mater. z. Entw. des Erbschaftssteuerges. Anl. 5 d S. 67.

1250 Millionen in Frage, und wenn auch davon die Hälfte durch testamentarische Anordnung vergeben werden sollte, bleiben 625 Millionen als Ertrag des Reichserbrechtes übrig. Davon sind abzuziehen die Beträge, die bereits in Form der Erbschaftssteuer eingezogen werden, das sind nach Anschlag 72 Millionen. Es verbleiben also 550 Millionen jährlich. Und dabei ist von der Annahme ausgegangen, daß von den 1250 Millionen die Hälfte durch letztwillige Verfügung absorbiert würde. In Wirklichkeit würde diese Summe nicht entfernt erreicht. Jeder Jurist, der mit der Aufnahme von Testamenten befaßt ist, weiß, daß letztwillige Verfügungen nicht bloß regelmäßig, sondern beinahe ausschließlich zugunsten der Deszendenten und des überlebenden Ehegatten errichtet werden, zugunsten von Seitenverwandten hingegen höchstens in 20 % aller Aufnahmen. Dennoch mag man, um recht vorsichtig zu sein und um den Fall zu berücksichtigen, daß die Reform auf die Geschwister nicht ausgedehnt wird, bei dem übermäßigen Abzuge von 625 Millionen stehen bleiben. Das Ergebnis einer Mehreinnahme von einer halben Milliarde erscheint hiernach in jedem Falle gesichert. Dies darf als der unmittelbare materielle Erfolg der Änderung des Erbrechts bezeichnet werden. Aber auch die mittelbaren Wirkungen sind von großer Bedeutung. Eine beträchtliche Anzahl verderblicher Erbschaftsprozesse, die erfahrungsmäßig den Familienzusammenhang untergraben, kommen in Wegfall. Richterliche und Bureaubeamte können die Zeit, die sie bisher solchen Prozessen oder Erbauseinandersetzungen, Pflegschaften für unbekannte oder abwesende Erben, öffentlichen Aufrufen, Verschollenheitserklärungen widmen mußten, auf eine segensreichere Tätigkeit verwenden. Sicher ist, daß die Reform eine Ersparnis auch dadurch an Kräften der bezeichneten Beamtenkategorien zur Folge haben muß. Es kommt ferner in Wegfall die gesamte Tätigkeit der Erbschaftssteuerämter, welche die Einziehung der Erbschaftssteuer bezweckt, insoweit als die Erbmassen selbst dem Reich anheimfallen. Es ist nicht einmal notwendig, alle diese Kräfte mit der Einziehung der erblosen Verlassenschaften zu beschäftigen, wenn diese Aufgabe zweckmäßig gelöst wird. Es wird nämlich eine Beteiligung der Gemeinden an den Ergebnissen der Erbrechtsreform empfohlen*. Der Vorschlag erscheint beachtenswert. Denn die Gemeinde ist oft ähnlich wie der Staat und das Reich an dem Erwerbe, an der Erhaltung und Vermehrung des zu vererbenden Vermögens beteiligt. Der Zusammenhang mit der engeren Heimat wird also gefördert und kommt zum natürlichen Ausdruck, wenn ein Teil der erblosen Verlassenschaft der Gemeinde zufällt. Gesetzt, daß dieser Teil auf 5 % des Nachlasses bestimmt wird, so würden von dem Ertrage der Erbrechtsreform rund 25 Millionen jährlich den Gemeinden des Reiches

* Ich verdanke diesen Hinweis einem Schreiben des Herrn Frh. v. Gamp, der bereits im Reichstag am 11. Jan. 1906 als Freund und Vorkämpfer der Reform aufgetreten ist.

zugeführt werden. Mit diesem Gedanken läßt sich der Vorschlag glücklich vereinigen, daß die Feststellung und Einziehung der heimfallenden Erbmassen in erster Linie den Gemeindevorständen anvertraut werde. Die Gemeinden werden diese Tätigkeit gern übernehmen, wenn sie an dem Ergebnis der Arbeit selbst interessiert sind; die örtlichen Behörden sind aber auch vorzugsweise dazu geeignet, weil ihnen die persönlichen und die Vermögensverhältnisse des Erblassers, der Wert der Grundstücke und die Gelegenheit zu günstiger Veräußerung von Nachlaßgegenständen besser bekannt sind als einer entfernten Zentralbehörde. Endlich ist die der einzelnen Gemeinde dadurch erwachsende Mehrarbeit in den Regelfällen eine verhältnismäßig geringere.

Wenn gegen das Reformprojekt eingewendet werden sollte, daß die Neuregelung des gesetzlichen Erbrechts nicht dringlich erscheine und gründlicher Prüfung bedürfe, so mag folgendes entgegnet werden. Vom Standpunkt praktischer Erwägung aus kann die Reform gar nicht genug beschleunigt werden. Denn jeder Tag, den sie früher kommt, bringt dem Reiche den Gewinn einer Million! Daß die gegenwärtige Lage der Dinge einen besonderen Anlaß bieten könnte, auf solchen Gewinn zu verzichten, darf bezweifelt werden. Die Wissenschaft aber braucht sich über diese Frage nicht mehr schlüssig zu machen. Seit nunmehr 125 Jahren haben große britische Nationalökonomen wie Bentham und John Stuart Mill, aber auch die Altmeister deutscher Staatswissenschaft,

Bluntschli, v. Scheel, Roscher, Schmoller, Adolph Wagner, grundsätzlich ihr Votum für die Notwendigkeit der Reform abgegeben. Es darf somit behauptet werden, daß die Neuregelung des gesetzlichen Erbrechts nach jeder Richtung im Interesse des Reiches höchst wünschenswert erscheint.

Ein Reformprojekt*.

Das von Adolph Wagner aufgestellte Gesetz von der fortschreitenden Ausdehnung der Staatstätigkeiten und der damit verbundenen Steigerung des finanziellen Staatsbedarfs findet seine Bestätigung in der Entwicklung des Deutschen Reiches. Immer neue bedeutsame Aufgaben treten an das Reich heran, mag es sich um den Ausbau der Flotte, der Kolonien handeln oder um Neuschöpfungen auf dem Gebiete der Sozialpolitik, um Witwen- und Waisenversorgung, Versicherung gegen unverschuldete Arbeitslosigkeit u. a. Immer schwieriger wird es naturgemäß, die Kosten für die Deckung der staatlichen Bedürfnisse aufzubringen. Daß unter diesen Umständen der Plan einer Änderung des gesetzlichen Erbrechts im Sinne der Errichtung eines Reichserbrechts an Stelle der Ansprüche der Seitenverwandten eine freundliche Aufnahme fand, kann nicht wundernehmen. Ein Vorschlag, der mit dem Anspruch auftrat, der Reichskasse jährlich 500 Millionen Mehreinnahmen zuzuführen, ohne ein erworbenes Recht zu verletzen, mußte als ein willkommenes Mittel erscheinen, die chronisch gewordenen finanziellen

* Neue Revue. I. Jahrg. Nr. 5.

Nöte des Reiches zu beseitigen, bevor noch die starken inneren Gründe der Reform recht eigentlich gewürdigt werden konnten. Die Grundzüge dieser Reform lassen sich in Kürze dahin formulieren.

Das schrankenlose, bis in die entferntesten Grade reichende Verwandtenerbrecht ist eine Schöpfung des oströmischen Kaisers Justinian, zu deren Rechtfertigung sich kein innerer, ja nicht einmal ein äußerer Grund angeben läßt. Dem deutschen Rechte fremd, wurde dies Institut durch eine romanistische Jurisprudenz übernommen und gelangte so noch in das Gesetzbuch des Deutschen Reichs vom Jahre 1900*, während eine ganze Anzahl fremder Gesetzgebungen in bewußtem Gegensatz zu der römischen Schablone Grenzen für das Verwandtenerbrecht bereits aufgestellt hatten.

Für die Frage, wo heute diese Grenze zu ziehen sei, ist davon auszugehen, daß der Familienverband sich immer mehr gelockert hat, während die Staats- und Reichsgemeinschaft gewaltig erstarkt ist. Wichtige Aufgaben der Familie, für deren Erfüllung das Familienerbrecht die Gegenleistung bildete, sind auf den Staat übergegangen, so namentlich der Rechtsschutz. Noch wichtigere Aufgaben sind dem modernen Staat neu erwachsen und von ihm übernommen im Wohlfahrtsinteresse der Gesamtheit und damit der einzelnen. Dagegen besteht ein gesundes Familienleben im wesentlichen noch innerhalb

* Vgl. „Vom Recht der lachenden Erben“ vom Verfasser in der D. Juristen-Zeitung vom 1. Juni 1907.

der engeren Familie, im Verhältnis der Eltern zu den Kindern, der Kinder zu den Eltern, eines Ehegatten zum andern. Für diese Verwandten in auf- und in absteigender Linie, wie für den hinterbliebenen Ehegatten erscheint ein gesetzliches Erbrecht nach wie vor Bedürfnis, also für alle die nahen Angehörigen, denen nach geltendem Recht ein Pflichtteilanspruch, selbst gegen den Willen des Erblassers zusteht.

Darüber hinaus sei Erbe das Reich, — beim Mangel anderweitiger testamentarischer Bestimmung. Die Testierfreiheit bleibt unberührt, so daß auch die entferntesten Verwandten noch erben, wenn der Erblasser dies bestimmt, aber auch nur dann!

Wenn die vorstehenden Sätze als die Grundzüge einer zweckmäßigen Regelung der gesetzlichen Erbfolge empfohlen werden, so soll damit der Lösung von Einzelfragen nicht vorgegriffen werden. Daß zunächst die besonderen Interessen des ländlichen Grundbesitzes gewahrt werden müssen, bedarf keiner weiteren Erörterung. Ebenso muß von vornherein anerkannt werden, daß sich darüber streiten läßt, ob etwa das Erbrecht der Geschwister von der Reform unberührt bleiben soll, so daß das Erbrecht des Reiches erst hinter den Geschwistern einsetzen würde. Auch diese bedeutsame Frage soll hier nicht erörtert werden; es sei nur bemerkt, daß selbst bei einer derartigen Beschränkung der Reform ihr finanzieller Ertrag sich auf rund 500 Millionen Mark jährlich beläuft, weil im Interesse vorsichtiger Berechnung Abzüge gemacht sind, die weit über das Maß hinausgehen*. Wenn aber der Einwand gemacht wird, daß nach Verwirklichung des Reformprojektes häufiger Testamente errichtet werden würden, um dem Reiche das Erbe zu entziehen, daß also der Erfolg der ganzen Maßregel damit zweifelhaft werde, so soll diese wichtige Frage, die gern aufgeworfen wird, wenn von Erbrechtsreform die Rede ist, in den folgenden Zeilen auf ihren Grund näher geprüft werden.

Um klar zu sehen, muß man zunächst von dem gegenwärtigen Stande der Dinge ausgehen. Fragen wir, wie es kommt, daß bei dem heutigen Stande der Gesetzgebung so viele es unterlassen, letztwillig zu verfügen, so wird sich bald zeigen, daß verschiedene Gründe dazu mitwirken, die ganz unabhängig sind von der in Geltung stehenden Regelung des Erbrechts. Die Testamentserrichtung unterbleibt nicht etwa deshalb, wie zuweilen angenommen wird, weil sich der Testator sagt, daß seine nächsten Verwandten ihn beerben werden. Das mag für manche Fälle zutreffen, in denen ein gutes Einvernehmen zwischen den Beteiligten geherrscht hat. Läßt sich denn aber etwa behaupten, daß zwischen Verwandten — außerhalb der engeren Familie — regelmäßig ein freundliches Verhältnis besteht? Man kann beinahe behaupten, wenn man Umschau hält in weitem Kreise, daß Zwistigkeiten und Feindschaften zwischen Verwandten ungefähr ebenso häufig sind, wie Liebe und

* Vgl. „Erbrecht des Reiches" vom Verfasser im „Tag" vom 13. März 1906, und „Erbrechts- und Finanzreform" in der Deutschen Juristen-Zeitung vom 15. Dezember 1907.

Freundschaft. Jedermann kennt Fälle von lachenden Erben, in denen eine Person den Nachlaß erhält, die sich im Hause des Verstorbenen nicht blicken lassen durfte, die niemals von ihm zum Erben berufen worden wäre, wenn er testiert hätte. Solche Familienfeindschaften sind keine Seltenheit, sie entstehen sogar erfahrungsmäßig besonders gerade aus Anlaß von Erbschaften und nicht bloß in den unteren Kreisen der Gesellschaft. Die erbitterten Streitigkeiten unter Verwandten liefern einen traurigen, aber unwiderleglichen Beweis dafür, daß der Familiensinn in vielen Fällen nur an einem seidenen Faden hängt.

Unter den Gründen, welche in Wirklichkeit bestimmend sind, die Testamentserrichtung zu unterlassen, steht in erster Linie die Furcht vor dem Tode, — zum mindesten die Abneigung, sich mit dem Gedanken des Todes zu beschäftigen. Viele Leute denken, um es trivial auszudrücken, sie müssen sterben, wenn sie Testament machen. Solches Empfinden ist menschlich wohl begreiflich, handelt es sich doch um den Gedanken der Trennung von allem, was wir lieben, von allen Gütern dieser schönen Welt. Die Resignation des Philosophen ist nicht jedem gegeben, selbst der Bescheidenste kann sich schwer vorstellen, daß, wenn er dereinst die Augen zum letzten Schlummer geschlossen hat, die Sonne noch so strahlend aufgehen wird, wie bisher. Soll man sich also schlüssig machen, wie einmal unser Vermögen zu verteilen ist, wem der Schreibtisch, an dem wir sitzen, die Uhr, die wir in der

Tasche tragen, zufallen soll, sobald wir selbst auf dem Kirchhof liegen, — soll man disponieren für den Fall der Wiederverheiratung seiner Frau, — es fehlte nur noch ein testamentarischer Glückwunsch zur Hochzeit und zu weiteren freudigen Familienereignissen, so haben solche Erwägungen für den noch lebenden Familienvater wirklich wenig Erfrischendes! Um vorläufig so unbehaglichen Betrachtungen und Entschließungen aus dem Wege zu gehen, sagt man sich gern, daß die Sache nicht so eilig sei; das eigene Ende erscheint uns regelmäßig nicht so nahe, wie das der anderen, — ein Grund mehr, die Testamentserrichtung zunächst aufzuschieben. Zu diesen inneren Gründen kommen noch äußere. Man scheut die Kosten, die mit dem Akt verbunden sind; erscheinen sie auch nicht hoch im Verhältnis zu der Wichtigkeit der Sache, so bilden sie doch für den Augenblick eine außerordentliche, störende Ausgabe. Die meisten Menschen haben überhaupt nicht gern mit dem Gericht oder dem Notar zu tun, trotz der notorisch liebenswürdigen Behandlung, deren sich das Publikum dort bekanntlich stets erfreut; schon die Luft, die ganze Stimmung, die auf dem Gericht, in den Notariatsstuben herrscht, hat für manche etwas ausgesprochen Unangenehmes. Als geradezu peinlich aber wird der Zwang empfunden, intime Familien- und Vermögensverhältnisse dritten Personen zu offenbaren, — den Beamten und den Zeugen, dem Dienstmann von der Ecke, Geheimnisse preiszugeben, die sonst vor jedem Ohre sorgfältig gehütet werden. Und wer sich über alle diese Unannehmlichkeiten hinwegsetzt, steht oft genug vor der weiteren Frage, was er denn eigentlich bestimmen soll. Besitzt er nahe Angehörige, so ist er ja wohl darüber klar, daß er diese einsetzt; wie er diese Erben aber von jeder gerichtlichen Einmischung befreien und zu gleicher Zeit im Interesse der Erhaltung des Vermögens doch unter gerichtliche Aufsicht stellen könne, das ist ein häufig aufgegebenes, aber schwer zu lösendes Rätsel. Der Testator endlich, der keine nahen Verwandten hat, ist begreiflicherweise nicht selten sogar darüber im Zweifel, wen er überhaupt zum Erben einsetzen soll, und unterläßt es deswegen häufig ganz.

Dies sind die Zweifel, die Bedenken, die inneren und die äußeren Schwierigkeiten, die der Errichtung letztwilliger Verfügungen hindernd im Wege stehen. Und diese Gründe werden in der Zukunft ganz so wie in der Gegenwart wirksam bleiben! Denn sie beruhen auf der Natur des Menschen. Mag dieses Gesetz gelten oder jenes, unsere Empfindungen ändern sich nicht. Tief in der menschlichen Natur ist es begründet, daß man den Gedanken daran weit von sich weist, die „schöne freundliche Gewohnheit des Daseins" einmal aufzugeben. Und so wird die Abneigung, den letzten Willen auszusprechen, in Zukunft die gleiche bleiben wie in der Vergangenheit.

Sind diese auf das Wesen der menschlichen Natur und die Erfahrungen des Lebens gegründeten Schlußfolgerungen richtig, so ist damit die Befürchtung widerlegt, daß das Erbrecht des Reiches durch eine Vermehrung letztwilliger Verfügungen irgend erheblich gefährdet werden könnte. Ist also auch nach dieser Richtung der Weg für die Reform frei, so läßt sich als Ergebnis unserer Betrachtung der Satz aufstellen: Die Reform bezweckt die Beseitigung des Unrechts der lachenden Erben und positiv die Stärkung des Reiches durch Erschließung einer außerordentlich ergiebigen, dauernden Einnahmequelle zu keines Lebenden Schaden, zum Vorteil aller!

Ein sozialpolitischer Vorschlag zur Befestigung der Reichsfinanzen.

Sozialpolitische Reformen haben im allgemeinen die Eigentümlichkeit, daß sie viel Geld kosten. Daher insbesondere kommt es, daß sie bei dem steuerzahlenden Bürger nicht ganz so beliebt sind, wie sonst wohl der Fall wäre. Es gibt jedoch ein Problem auf dem Gebiete der Sozialpolitik, dessen Lösung keine Kosten verursacht, sondern im Gegenteil reiche dauernde Einnahmen mit sich bringt, das ist die Reform des gesetzlichen Erbrechts. Diese Reform besteht darin, daß bei dem Fehlen eines Testaments, — nur dann spricht man von gesetzlicher Erbfolge — zwar die nahen Anverwandten und die Ehegatten erben wie bisher, die Seitenverwandten hingegen ersetzt werden durch das Reich. Welche außerordentliche Tragweite diese Reform nach der materiellen Seite hat, ist wohl noch nicht allgemein bekannt. Der Ertrag des künftigen Reichserbrechts beläuft sich, wie früher berechnet wurde, auf jährlich 500 Millionen Mark. Setzt man nun den Fall, daß diese Änderung der Erbfolge vor zehn Jahren bereits vorgenommen und ihr gesamter Ertrag, also fünf Milliarden Mark, — zum Ausbau der Flotte verwendet worden wäre, so besäße Deutschland heute ohne die geringste Mehrbelastung der Bevölkerung die stärkste Kriegsflotte der Welt, trotz Großbritannien; der deutschen Industrie wären ungeheure Aufträge, ein ungeheurer Nutzen zugefallen; die allgemeine politische Lage wäre vermutlich eine wesentlich veränderte! — Mit dieser Erwägung soll nicht rückschauende Konjekturalpolitik getrieben, sondern es soll an einem praktischen Beispiel gezeigt werden, daß die Bedeutung der Erbrechtsreform nur unterschätzt, nicht überschätzt werden kann. Die Erbrechtsreform stellt die beste, ausnehmend ergiebige Staatseinkommensquelle dar, und damit das geeignete Mittel zur Befestigung der schwankenden und unzulänglichen Reichsfinanzen.

Nach dem jetzt geltenden Recht erben, wenn es an einer letztwilligen Verfügung fehlt, nicht allein nahe Angehörige des Verstorbenen, seine Kinder, Eltern, sein Ehegatte, sondern auch Seitenverwandte bis zum zehnten, zwanzigsten Grade und darüber hinaus bis ins Unendliche. Obwohl dies unverständlich, unwahrscheinlich und den meisten Lesern dieser Zeilen auch unbekannt sein wird, so ist es doch Rechtens. Nach § 1929 BGB. braucht derjenige, der den Nachweis führt, daß er der nächste Anverwandte Adams ist, sich nur an das Amtsgericht zu wenden, bei welchem dieser seinen letzten Wohnsitz gehabt, um als legitimer Erbe von Adam anerkannt zu werden. Ein noch so entfernter Verwandter erhält den Nachlaß, wenn keine näheren vorhanden sind, also der vom zehnten Grade, wenn die vorhergehenden neun ausfallen, der vom elften, wenn auch im zehnten keiner vorhanden ist, usw. Er erbt nicht etwa deswegen, weil positive überzeugende Gründe dafür sprechen, daß ihm das ganze Vermögen eines anderen übertragen wird, sondern er erbt darum, weil negativ keine näherstehenden Personen vorhanden sind. Wollte man hiergegen geltend machen, daß er doch immerhin noch verwandt mit dem Erblasser sei, daß also die Verwandtschaft den Grund für sein Erbrecht abgebe, so ist dieser Einwand nicht durchgreifend; denn der Erblasser kann ihn ja trotz dieser Verwandtschaft durch ein Testament einfach beiseite schieben und andere Personen einsetzen. Es müßten dann doch auch ein Verwandter im zehnten und ein Verwandter im elften Grade, die einander in ihrem Verhältnis zum Erblasser gewiß ziemlich gleich stehen, ungefähr in gleicher Weise von der Erbordnung berücksichtigt werden. Das ist aber nicht der Fall. Der vom zehnten Grade erhält alles, der vom elften nichts. Und wenn es noch so schwierig ist, festzustellen, wer als nächster Anverwandter des Verstorbenen zu betrachten sei, so werden die Gerichte, die Ministerien, Gesandtschaften, Konsulate, Privatpersonen, Zeitungen im In- und Ausland ohne Rücksicht auf die Kosten in Bewegung gesetzt, es werden Vormundschaften, Pflegschaften eingerichtet, Aufrufe, Verschollenheitserklärungen vorgenommen, um nur ja noch den Erben in den verborgensten Winkel aufzustöbern und ihm, der oft von der ganzen Erbschaft, vom Tode und vom Leben des Erblassers keine Ahnung hat, dessen gesamtes Vermögen gleichsam auf dem Präsentierteller anzubieten. Läßt sich das Rätsel so nicht lösen, kommen mehrere anscheinend Gleichberechtigte in Betracht, dann beginnen nun erst die eigentlichen Erbschaftsprozesse, die bekanntlich so viel reine Freuden für die Beteiligten, so viel Segen und Frieden für den Kreis der Verwandten mit sich bringen und den Familiensinn stärken — bis zum Meineid und zum Giftmord!

Der Erfinder dieses arithmetischen Geduldspieles ist der byzantinische Kaiser Justinian. Er hat damit zugleich von Staatswegen ein Glücksspiel geschaffen, die Institution der lachenden Erben, bei dem ganze Vermögen auf der Schicksalskarte stehen, dem Spieler fällt der Gewinn zu, ohne daß auch nur ein Einsatz von ihm gefordert wird, — es genügt der Nachweis einer Verwandtschaft, auch wenn diese im ganzen Leben der Beteiligten sonst keine Rolle gespielt hat. Die großen Juristen der Blütezeit des römischen Rechts waren weit davon entfernt, so gedankenlose, nur auf mechanischer Zählung beruhende Rechtssysteme aufzustellen, weit entfernt davon, an die lex Julia et Papia Poppaea zu rühren, durch die Augustus, der weise Vorgänger Justinians auf dem Throne der Cäsaren, in gerechter Abwägung der Interessen der römischen Familie und der steigenden Bedürfnisse des Weltstaates das gesetzliche Erbrecht des Fiskus aufgerichtet hatte. Allein das Erzeugnis römischen Verfalles erschien immer noch gut genug, um bei der Rezeption des römischen Rechts gegen Ende des Mittelalters gesunde und entwicklungsfähige deutsche Erbrechtsnormen zu verdrängen*. Man wird kaum fehlgehen, wenn man annimmt, daß übertriebener Respekt vor dem fremden Recht und vor der lateinischen Sprache, wie sie bis auf den heutigen Tag herrschen, dazu beigetragen haben, um der oströmischen Institution Eingang zu verschaffen. Daß das preußische Landrecht noch auf demselben Boden steht, ist vielleicht nicht auffallend, da die romanistischen Grundsätze zu jener Zeit fast unumschränkte Geltung erlangt hatten. Befremdlich aber ist es, daß auch das Bürgerliche Gesetzbuch noch das unbegrenzte Verwandtenerbrecht aufgenommen hat; befremdlich sind auch die Gründe, die in den Motiven dafür angegeben wurden**. Der Entwurf folge dem in Deutschland überwiegend geltenden Rechte, wenn er jede Begrenzung unterlasse. Das war ja gerade die Frage, ob dieses geltende Recht nicht sehr der Abänderung bedurfte. Weiter heißt es, ob aus sozialpolitischen Gründen die Verwandtenerbfolge zugunsten des Staates oder der Gemeinde beschränkt werden müsse, sei eine Frage, die zurzeit noch nicht spruchreif erscheine. Noch nicht spruch-

* „Vom Recht der lachenden Erben" vom Verfasser in d. D. Juristen-Zeitung. 1. Juni 1907.

** Motive zu dem Entwurfe eines BGB. f. d. Deutsche Reich. Bd. V S. 366, 367.

reif! So bescheidene Zurückhaltung war kein Verdienst des berufenen Gesetzgebers, nachdem seit einem vollen Jahrhundert eine reichhaltige ausländische und einheimische Literatur entstanden war, die übereinstimmend die Beseitigung eines Systems forderte, das nicht etwa nur veraltet, sondern zu keiner Zeit gerechtfertigt gewesen war, — nachdem die besten Vertreter deutscher Staatswissenschaft, Roscher, Schmoller, Wagner, dieselbe Forderung erhoben, nachdem der hochverdiente Hans v. Scheel in seiner klassischen Schrift den Stab über die lachenden Erben gebrochen hatte*!

Gesetzt aber, man habe vor 20 Jahren noch darüber streiten können, so wird heute kein Zweifel mehr aufkommen, daß die Frage spruchreif ist. Wenn es jemals erlaubt sein konnte, einen Nachlaß von Staatswegen einem einzelnen hinzugeben, der ohne zu den nahen Angehörigen des Verstorbenen zu zählen, nur den leeren Namen der „Verwandtschaft" als Rechtstitel auf das Vermögen eines anderen aufzuweisen hat, — so erscheint ein solches Verlangen nach fremdem Gut, nach ganz unverdientem Gewinn im Zeitalter der Sozialpolitik als ein schweres Unrecht gegen die Gesamtheit, zumal gegen die Staatsgemeinschaft, die den hohen Grundsatz der ausgleichenden Gerechtigkeit aufgestellt und bewährt hat.

Sollte sich aber durchaus keine Verwendung für die

* „Erbschaftssteuer und Erbrechtsreform". Jena 1877 von Professor Dr. v. Scheel, weiland Direktor des Kaiserl. Statistischen Amtes in Berlin.

Erträge des Reichserbrechts finden lassen, sollte die Reform für die Befestigung der Reichsfinanzen überflüssig sein und keinen anderen Zweck und Erfolg haben, als daß sie es ermöglicht, einen Reichsschatz aufzusammeln für den Fall der Not, — wie jeder sorgsame Familienvater einen Sparpfennig zurücklegt, — so wird mancher die Ansicht und den Wunsch teilen, daß schon um dieses Zweckes willen der unüberwindliche Gedanke der Reform aufs schnellste verwirklicht werden möge.

Die Erbrechtsgrenze.

Das Bürgerliche Gesetzbuch bestimmt im § 1929, daß die Verwandtschaft einen Erbanspruch gibt, auch wenn sie ins Unendliche geht. Heute herrscht kein Streit darüber, daß diese unfaßbare Bestimmung gleichmäßig unvereinbar ist mit den Grundsätzen der Logik, des Rechts und der Staatsinteressen. Wie sie zu ändern, zu ersetzen ist, das ist die Frage um die Erbrechtsgrenze, die Frage, an welcher Stelle der Verwandtenstufenleiter das Erbrecht der Verwandten enden und das Erbrecht der Staats- oder Reichsgemeinschaft eintreten soll.

Die Lösung dieses Problems durch die geltenden Gesetze der verschiedenen Staaten zeigt eine große Mannigfaltigkeit. Während einzelne Gesetzgebungen, wie die deutsche, ein schrankenloses Verwandtenerbrecht aufstellen, lassen andere die Erbfolge der Verwandten beim 12. Grade enden, wie der Code civil, oder beim 8. Grade, wie Mexiko, oder beim 4. Grade, wie beispielsweise Guatemala. Schon an diesen Beispielen sieht man, daß sich über die Änderung des gesetzlichen Erbrechts in der Seitenlinie jedenfalls reden läßt. Es ist sehr bemerkenswert, daß die frühesten dieser Einschränkungen der Verwandtenerbfolge aus dem Ende des 18. Jahrhunderts stammen, aus der Zeit, als die ersten wissenschaftlichen Verfechter der Reform des Erbrechts auftraten, Bentham und John Stuart Mill.

Die Wissenschaft hat damals einen starken Einfluß auf die Praxis ausgeübt. Am weitesten in der Eindämmung des Familienerbrechts sind einige amerikanische Staaten gegangen, sie ziehen die Grenze bei dem 4. Grade der Seitenlinie, also bei den Vettern. So bestimmt der Codigo General de la Republica de Costa Rica in Art. 623, 635, daß der Nachlaß eines Verstorbenen, wenn Erben bis zum 4. Grade fehlen, dem Departement für Unterrichtszwecke anheimfallen soll. Diesem Beispiel folgten die benachbarten Freistaaten Venezuela und Guatemala. Verwandte erben bis zum 4. Grad in der Seitenlinie, in Ermangelung solcher aber fällt der Nachlaß an die guatemaltekische Landesuniversität, — in Venezuela direkt an den Staatsfiskus. (Art. 957 des Gesetzbuchs für Guatemala, Art. 689, 702 des Gesetzbuches für Venezuela.) So hat man jenseits des Ozeans in zweckmäßiger Weise die privaten Interessen und das Interesse der Gesamtheit bei der Regelung des gesetzlichen Erbrechts berücksichtigt. Man griff entschlossen auf altspanische Verordnungen zurück und schuf sich ein eigenes Recht nach eigenem Bedürfnis, unbekümmert um Kaiser Justinian und um sein Corpus juris. Und diese freie Auffassung stammt nicht etwa erst aus neuester Zeit, das erste der in Rede stehenden Rechte, von Costa Rica, datiert vom 30. Juni 1841. Also schon zu jener Zeit hatten die leitenden Männer in dem amerikanischen Freistaat ein starkes Gefühl dafür, was der Bürger dem Gemeinwohl, dem Staatsverbande schuldig war, zu einer Zeit, in der der Staatsgedanke in kulturell höher stehenden Ländern noch schwach entwickelt, die staatlichen Aufgaben beschränkte waren. Es läßt sich nicht bestreiten, daß die einheimische Gesetzgebung im Vergleich hierzu rückständig geblieben ist, selbst dann noch, als Deutschland die Führung auf dem Gebiete sozialpolitischer Reformen übernommen hatte. Welche Lehre soll man nun aus der vorstehenden Betrachtung ziehen? Vielleicht, daß man das Versäumte nachholen und die Erbrechtsgrenze nach dem Vorgang jener überseeischen Republiken bei dem 4. Grade der Verwandtschaft festsetzen müsse? Gewiß nicht. Das Deutsche Reich des 20. Jahrhunderts kann das Recht von Costa Rica aus dem Jahre 1841 ebensowenig brauchen, wie das Gesetz byzantinischer Kaiser aus dem 7. Jahrhundert. Es bedarf keiner fremden Vorbilder. Die hervorragendsten Werke deutscher Gesetzgebung der Neuzeit, die großen Sozialgesetze sind nicht auf dem Boden der Fremdherrschaft römischen Rechts erwachsen, sondern es sind selbständige, von eigenen schöpferischen Gedanken erfüllte Rechtsbildungen, die ihrerseits Vorbild wurden für das Ausland. So sei es auch mit der Reform des gesetzlichen Erbrechts! Was dem heutigen Bedürfnis, dem heutigen Rechtsempfinden entspricht, angesichts der wachsenden Ausdehnung staatlicher Leistungen, das hat kein Geringerer als Gustav Schmoller im Anschluß an John Stuart Mill ausgesprochen, wenn er als einen berechtigten Gedanken hinstellt, daß das Erbrecht der Seitenverwandten zu beseitigen sei. Damit ist die Richtschnur für die Neuregelung der gesetzlichen Erbfolge gegeben.

Freilich hängt die Verwirklichung der besten Gedanken nicht allein davon ab, daß sie richtig sind. Die Frage nach dem praktisch Erreichbaren ist häufig anders zu beantworten. Da nun nicht zu verkennen ist, daß die Erhaltung des gesetzlichen Erbanspruches der Geschwister in weiten Kreisen notwendig erscheint, so empfiehlt es sich, den Grundsatz der Reform insoweit einzuschränken und das Erbrecht des Reiches erst nach den Geschwistern einsetzen zu lassen. Dabei aber müßte es verbleiben. — Der Erbonkel aus der Komödie kann als Testator seine ruhmvolle Rolle weiter spielen. Empfindet er ein Herzensbedürfnis, einen Neffen zum Erben einzusetzen, so kann er dies nach wie vor. Unterläßt er es aber, macht er von seiner Befugnis der Testamenterrichtung keinen Gebrauch, so ist ein staatliches Bedürfnis, ein Interesse des Gemeinwohls nicht dafür anzuerkennen, daß das herrenlos gewordene Vermögen dem lachenden Erben in den Schoß geworfen wird.

Die Reichskasse an Stelle der Seitenverwandten mit Ausnahme der Geschwister, — das sei die Losung für eine Reform, die maßvoll und durchgreifend zugleich einen Platz neben den großen Sozialgesetzen in Anspruch nehmen darf. Wie diese, wird sie ihren Siegeslauf durch alle Kulturländer nehmen.

Literatur.

Seit dem letzten Viertel des 18. Jahrhunderts hat die Frage der Reform des Erbrechts in England, Frankreich und Deutschland eine umfangreiche Literatur hervorgerufen. Eine gute Übersicht über diese Literatur findet man in dem Entwurfe eines Rechtes der Erbfolge für das Deutsche Reich, Vorlage des Redaktors Dr. v. Schmitt, Berlin 1879 Reichsdruckerei, aber auch bei Neukamp im „Wörterbuch der Volkswirtschaft", S. 871.

Für eine eindringende Beschäftigung mit dem Gegenstande erscheint die Kenntnis der wichtigsten dort aufgeführten Schriften unentbehrlich. Für diejenigen Leser indessen, die im praktischen Leben stehen und die Zeit hierzu sich nicht abmüßigen können, mögen zur nächsten Orientierung einige Aussprüche hervorragender Nationalökonomen hier folgen.

John Stuart Mill; Grundsätze der politischen Ökonomie. 1852. Bd. I. S. 258 ff.

„Entferntere Verwandte stehen gemeiniglich der Familie und deren Interessen fast ebenso fern, als wenn sie gar nicht damit verknüpft wären. Mir scheint kein Grund vorzuliegen, weshalb ein Erbrecht der Seitenverwandten überhaupt bestehen soll. Bentham hat es schon vor längerer Zeit vorgeschlagen und andere bedeutende Autoritäten haben sich dieser Meinung angeschlossen, daß, wenn weder in absteigender, noch in aufsteigender Linie Erben vorhanden sind und keine letztwillige Verfügung getroffen ist, das Eigentum dem Staate zufallen sollte. Es gibt keinen vernünftigen Grund, weshalb das angesammelte Vermögen irgendeines kinderlosen Geizhalses bei seinem Tode einen entfernten Verwandten bereichern soll, der ihn nie gesehen, der vielleicht gar nicht gewußt hat, daß er mit jenem verwandt sei, bis dadurch etwas zu gewinnen war, und der keinen größeren moralischen Anspruch an ihn hatte, als der am entferntesten stehende Fremde."

Georg Friedrich Wilhelm Hegel; Grundlinien der Philosophie des Rechts. 1821. S. 181.

„Die natürliche Auflösung der Familie durch den Tod der Eltern, insbesondere des Mannes, hat die Erbschaft in Ansehung des Vermögens zur Folge; ihrem Wesen nach ein Eintreten in den eigentümlichen Besitz des an sich gemeinsamen Vermögens, ein Eintreten, das mit den entfernteren Graden und im Zustande der die Personen und Familien verselbständigenden Zerstreuung der bürgerlichen Gesellschaft um so unbestimmter wird, als die Gesinnung der Einheit sich um so mehr verliert, und als jede Ehe das Aufgeben der vorigen Familienverhältnisse und die Stiftung einer neuen selbständigen Familie wird."

Friedrich Julius Stahl; Rechts- und Staatslehre auf der Grundlage christlicher Weltanschauungen. 1854. 1. Abt. S. 500.

„Nur um der Kinder willen gibt es aber überhaupt ein Erbrecht, wenn dies auch dann ausgedehnt ist auf andere natürliche Verwandtschaft, sowie auf künstlich nachgebildete Bande."

Dr. J. Baron, Professor der Rechte an der Universität Berlin; Zur Erbschaftssteuer. Jahrbücher für Nationalökonomie von Bruno Hildebrand und Johannes Conrad. S. 289.

„An Stelle der zerstörten Familie ist die Gemeinde resp. der Staat getreten. Die Vormundschaft wird von Staat und Gemeinde überwacht; der Gemeinde hat man die volle Unterstützungs- und Alimentierungspflicht auferlegt; täglich mehren sich die Leistungen des Staates und der Gemeinde; nur sind sie nicht so sichtbar als früher die Leistungen der Familie; denn während die Familie für ihre Mitglieder, für jeden einzelnen direkt tätig war, so sind es jetzt Staat und Gemeinde in dem Sinne, daß alle oder doch die Mehrzahl oder die Bedürftigen empfangen. Während die Familienbeziehungen sich täglich immer mehr lösen, vervielfältigen sich dagegen die Beziehungen des Bürgers zu Staat und Gemeinde; man genoß früher Ansehen und Schutz als Mitglied einer mächtigen Familie, jetzt als Bürger eines mächtigen Staates."

Adolf Wagner; Lehrbuch der politischen Ökonomie von Dr. Adolf Wagner und Dr. Erwin Nasse. 1879. I. Band. I. Teil. S. 366.

„So wird im Intestaterbrecht die sittliche, soziale und ökonomische Bedeutung der Familie außerordentlich übertrieben mittels Festhaltung eines Erbrechts der „Familie" bis zu den entferntesten Verwandten hin, – im Widerspruch mit der sonstigen individualistischen Auffassung, welche im wirtschaftlichen Verkehrsrecht zur Geltung gelangt ist und den Familienverband oft wenig genug beachtet."

Gustav Schmoller; Grundriß der allgemeinen Volkswirtschaftslehre. 4.—6. Aufl. 1901. S. 383.

„Jedenfalls aber wird, wo heute ein gesundes und kräftiges Familienleben vorhanden ist, überall das Erbrecht der Kinder als etwas Gerechtes und Selbstverständliches angesehen; jedermann sieht, daß dieses Erbrecht ein wichtiges Mittel des wirtschaftlichen Fortschrittes ist.

Das Erbrecht entfernterer Seitenverwandten dagegen wird in dem Maße als ein Überlebsel aus der Zeit der alten Sippen oder patriarchalischen Familienverfassung erscheinen, wie die moderne kleine Familie siegt, die Verwandtschaftsbeziehungen zu entfernten Verwandten verblassen."

S. 385.

„Aus solchen Bewegungen ist der berechtigte Gedanke erwachsen, daß das Erbrecht der Seitenverwandten zu beseitigen sei."

J. C. Bluntschli; Gesammelte kleine Schriften. I. Band. 1879. S. 254.

„Der wahre Grund alles natürlichen Erbrechtes ist doch die Gemeinschaft, welche das Leben des Erblassers mit dem seiner

Erben verbindet, der Zusammenhang des Blutes und der Sitte, der Kultur und der Interessen, wesentlich der Gemeinschaft der Rasse. Nun gibt es verschiedene Kreise, gleichsam engere und weitere Ringe der Rassengemeinschaft, welche den einzelnen mit anderen Menschen zusammenhält. Der einzelne ist ein Kind seiner Eltern, ein Angehöriger seiner Familie; er ist aber auch ein Kind der Gemeinde und des Landes, denen er zugehört. Ist er mit seiner Sippschaft durch tausend feine Beziehungen seiner leiblichen und seelischen Anlage wie seiner Erziehung und seiner Lebensenge verbunden, so wirken auch die Einrichtungen und die Einflüsse seiner Heimat und seines Vaterlandes sehr bestimmend ein auf seine ganze Existenz. Sein Körper empfängt die Eindrücke der Volksart und seine Seele erhält einen großen Teil ihrer Bildung durch die Sprache des Landes, der Schule des Ortes, die Sitten seines Wohnorts, die Geschichte seines Volkes. Der tüchtige Bürger hat auch ein Verständnis und ein Interesse für die Wohlfahrt seines Heimatsortes und seines Vaterlandes. Auf diese äußere und innere Lebensgemeinschaft, auf die Pflichten, der einzelnen gegen die Gemeinde und den Staat läßt sich ein Erbrecht der Gemeinde und des Staates sehr wohl begründen."

S. 256, 257.

„Die Notwendigkeit einer derartigen Reform des Erbrechtes ist während des letzten Menschenalters sehr viel klarer geworden. Es wäre meines Erachtens nicht mehr ein unreifes Wagnis, sondern eine große segensreiche Tat, wenn das Deutsche Reich, indem es das Familien- und Erbrecht neu ordnet, dieselbe mit den großen Mitteln, über die es verfügt, die Hände nähme und durchführte. Eine solche Tat würde unzweifelhaft vielen und lauten Widerspruch aufregen, aber sie würde einen Teil des

Proletariats auf eine höhere Stufe erheben, die großen unbemittelten Klassen wieder mit Hoffnung und mit Liebe zur Heimat erfüllen, die Gemeinden konsolidieren, die Gesellschaft von schweren Leiden heilen, den Staat stärken und ein Vorbild für alle Völker werden."

Professor Dr. H. v. Scheel (weiland Präsident des Kaiserl. Statistischen Amtes in Berlin); Erbschaftssteuern und Erbrechtsreform. 1877. S. 37, 38.

„Das Bewußtsein einer wirklichen sittlichen und wirtschaftlichen Zusammengehörigkeit erstreckt sich in unserer modernen Gesellschaft, und je beweglicher sie sich entwickelt, desto weniger, nicht mehr über die nächsten Verwandtschaftsgrade hinaus, ein ‚Stammesbewußtsein' gibt es nicht mehr und kann es angesichts des heutigen, nach Individualisierung und Beweglichkeit strebenden Volkslebens gar nicht mehr geben. Also, wenn und soweit die gegenwärtigen Erbrechte auf der Voraussetzung eines solchen Zusammenhanges beruhen, wird dieser eben durch sie fälschlich fingiert, oder im besten Falle dadurch künstlich geschaffen, daß es sonst nicht verbundene Personen durch das Interesse der Erbanwartschaft zusammenknüpft. Und weiter wird jedermann zugeben müssen, daß ein Erbrecht, welches nur die Tatsache der Blutmischung in irgendwelcher beliebigen Verdünnung zur Grundlage hat, auf einer sehr willkürlichen und unzureichenden und weder in Volkswirtschaft noch Moral genügend zu rechtfertigenden Grundlage beruht, und ferner, daß, soweit dies der Fall ist, vermutlich auch eine Veränderung des Erbrechts nicht sowohl schädliche Folgen haben würde, als vielmehr leicht auf eine für den Volkswohlstand zweckmäßigere Erbfolge hinauskommen könnte. Ein ziemlich schlagender Beweis dafür, daß dies der Fall sein werde, dürfte darin gefunden werden, daß man überall in den modernen Staaten eine mehr oder weniger weitgehende „Testierfreiheit" eingeführt hat und sie zu erweitern sucht. Das ist aber offenbar ein Institut, durch welches bewiesen wird, daß die gesetzliche Erbfolge entfernter Verwandter eine wirtschaftliche und sittliche Notwendigkeit nicht ist, vielmehr nur ein Auskunftsmittel aus der Verlegenheit, eine andere Verwendung für die Verlassenschaften zu finden."

Damit sei diese kleine Auslese beendet. Sie ist gewiß nicht erschöpfend. Aber soviel zeigt sie auch dem flüchtigen Leser, daß es sich bei der Erbschaftsreform nicht um Hirngespinste jugendlicher Phantasten handelt, sondern um die abgeschlossenen Ergebnisse strenger Forschung, um die Lebensarbeit bester Vertreter der Wissenschaft.

Die Frucht ist reif. Was jetzt not tut, ist die „große, segensreiche Tat".

C. Schulze & Co.
G. m. b. H.
Gräfenhainichen

FSC
www.fsc.org
MIX
Papier | Fördert
gute Waldnutzung
FSC® C083411

Kolibri 360 GmbH
Ferdinand-Jühlke-Straße 7
99095 Erfurt, Deutschland
produktsicherheit@kolibri360.de